JN069205

イタリア　ア・ラ・カルト

風の旅ロマン

甕　　滋
Motai Shigeru

中央公論事業出版

まえがき

イタリアを訪れて三〇年、およそ一世代交替の年月を経た。イタリアも私も少しずつ変わったが、実のところ内心ではあまり変わった感覚はない。私のイタリアに係わる価値観や旅のスタイルに変わりがないからであろう。イタリアの都市と田舎、各地の人々と自然を通して、その固有の歴史や文化への興味は尽きない。日本では知られない町や僻地にさえ、豊かな蓄積がある。

現在のふとした場所にも偉大な古代が覗き、重厚な中世、そしてルネサンスの息吹が通う。移り行く現代も、歴史を映す人間本位の生活があり、多様な人々と五感に響く日々の刺激に満ちている。

これまで一九九〇年代から二〇〇〇年代初めの見聞は、『イタリア再発見――地方文化の旅』（二〇〇四年）に纏め、続く時期、ローマ帝国の版図にあった地中海周辺の国々と、その影響下にあったゲルマン、スラヴ圏の国々を巡り、それぞれの紀行文（二〇一二年、一六年）

を残した。

ここ数年は、再びイタリアを主に、風に任せた自由な旅を続けている。故事来歴もさることながら、現地のありのままを楽しむ旅である。そこにまた、新しい発見がある。

今回はこの旅を中心に、これまでの思い出も交え、興味に従って足跡を記録してみた。

表題の「ア・ラ・カルト」は、この本のテーマ構成を、料理店が多様な料理から注文に応じて一皿ずつ提供するメニューになぞらえた。

二〇題五〇稿。おおよその四分野、歴史、風土、美と人世の区分は、私なりの起承転結で、通して一席の料理というべきもの。イタリアを味わうには限られた内容だが、かの地の多様性と奥深さを知るうえで些かの手掛かりともなれば幸いである。

こうした理解がイタリアとの距離を縮め、共感が深まることを望みたい。同時に、このことがわが国固有の文化を顧み、慈しむ縁となることも密かに願っている。

二〇二〇年六月

甕　滋

目次

アルノ川、ポンテ・ヴェッキオとヴァザーリの廊下（フィレンツェ）

まえがき　1

歴史の今

風土に遊ぶ

美の系譜

人世を思う

歴史の今

アッピア街道終着点　海側から見たコロンナ・ロマーナ（14ページ）

I　街道の古代

アッピア街道終着点

ラツィオ、プーリア

「街道の女王」アッピア街道は、早くも前四世紀終わりに開通をみた。先ずカンパーニャの中心カプアまで。その後、前三世紀半ばにはアドリア海に達し、ブリンディシを終着点とした。東方へのこの重要な路線は、ローマ帝国を通じ、またその後中世にも引き継がれ、歴史的役割を果たしてきた。

街道の出発点

街道の発するローマ（サン・セバスティアーノ門から出る）でも、沿線は今なお観光資源として人気を集める。

そのアッピア街道も一六世紀には新アッピア街道（サン・ジョヴァンニ門から出る）に代わり、再発見されたのが一八世紀末のこと。

旧街道筋には、古代ローマと初期キリスト教の遺跡が残り、考古学公園として昔ながらの風致を保っている。

かつて私が訪れたのは、先ずドミネ・クォ・ヴァディス教会（今の姿は一六、一七世紀）。ローマでの迫害を逃れた聖ペテロが、そのローマへ向かうキリストに「ドミネ・クォ・ヴァディス」（主よ何処へ行き給う）と問い、翻然引き返して殉教を遂げたという、あの言い伝えの場所である。

次いでサン・カッリストのカタコンベは、二世紀の建造。三世紀、歴代皇帝の公式墓所となった。発見は一八四九年。

サン・セバスティアーノ教会（一七世紀再建）は、同名の聖人や聖ペテロ、聖パウロも一時葬られた墓の近く。四世紀建立された。

ほかにマクセンティウス帝の館もあるが、最も知られるのはチェチリア・メテッラの墓（前五〇年頃）であろう。正方形の基礎に円筒型の本体が置かれ、浮き彫りを施した帯状装飾が肩に見られる。頂の狭間は、九世紀ここが要塞に改造された跡を残す。

一帯は当時から城壁外の寂しい場所だったことが窺える。旅人は道すがら胸の中に何を目指して歩んだのか。

街道の終着点

ならばこの街道の行く手、終着点には何が待ち受けているのだろうか。カプアにせよ、ブリンディシにせよ、現在の交通事情からすれば指呼の間である。これらの地は、私の南イタリア旅行の途次、既にこの目で見届けてきた。しかし古(いにしえ)の殷賑(いんしん)は、今なかなか実感できるものではない。僅かな遺跡に往時を偲ぶのみだ。

カプア（現在のサンタ・マリア・カプア・ヴェーテレ）は、エトルリア起源、ギリシャを経てローマ都市となった後は、カンパーニャ切っての大都市になった。その証として、今に残る円形闘技場は、コロッセオに次ぐ最大級の規模を誇るもの。街の入口にハドリアヌスの門も残る。

一方、ブリンディシについては、ここにさしたる遺跡を残さなかった。古代都市ブルンディシウムの痕跡は唯一つといってよい。それは旧市街の東の外れ、海に突き当たった高台に立ち、街道の終点を宣言するコロンナ・ロマーナ（ローマの円柱）である。

それも、二本の円柱のうち一本は一七世紀以降レッチェに移され、今は台座を残すのみ。残りの一本もかつては修復中とあって、輪切り状の大理石が地面に散らばるのが見られただけ。

その残念から、今回ここを再訪することにしたのだった。

再びのブリンディシ

ブリンディシは、旧市街に静まるドゥオモ広場から細いコロンネ・ロマーネ通りを抜け、建物の間から港を見下ろす高台の狭い広場に出た。囲いの中心に一基、台座を踏まえた白い円柱が堂々と高く立ち上がっている（隣には円柱を失った台座のみ一基）。

これが修復を終え、古代を取り戻したコロンナ・ロマーナの姿だった。

視界の前面は広場の先に大きく開け、ブリンディシ港から対岸、水兵の記念碑なども手に取るように見渡せる。

円柱を背に、広場から海面に下る大階段に腰を下ろした。そして来し方を思う。

二三〇〇年前ここに街道が到達した。アッピア街道に代わったトラヤヌス街道もここを終点とした。ここからは遥か東方へ進出しただけではない。中世にはサラセン人が侵入して来た。ノルマンによる征服後は、聖地エルサレムに向かう巡礼やエルサレム奪還に向かう十字軍もここから出航した。フェデリーコ二世の有名な第六回十字軍（一二二八年）もここから。

やがて外来王朝がナポリに成立して以降、遠隔のこの地の歴史は霧の中へ消えていった。

イタリア統一以降、ブリンディシは南部振興策の一環で工業化の拠点の一つとなる。今なお重要な軍港で、貿易港でもある。今、目の前に開ける大きな視界のように、ブリンディシの未

コロンナ・ロマーナ　オリジナルの柱頭部

来が明るいとよいのだが。

コロンナ・ロマーナ

さて、コロンナ・ロマーナについては新しい発見があった。修復後のオリジナルの柱頭を、旧市街のパラッツォ・コルテ・ダッシジの展示で間近に見ることができた。

目の前の柱頭は、意外に大きなもの。正面の装飾には、両腕を挙げ、胸の筋肉も露わに身を乗り出す男の上半身像。この地から前方へ、未来へ雄飛する力と魂を表すかのようだ。

隣合う部屋では、建物の地面に遺跡発掘の現場が保存される。僅かな古代の痕跡である。この館は公設の博物館のようだが無人、入場は無料。

なお、ドゥオモの鐘楼アーチに続く県立フランチェスコ・リベッツォ考古学博物館にも、地下のローマ遺跡を見ることができる。

旧市街は、中世を残しつつも近代の区画を広げている。中世の遺産では、サン・ジョヴァンニ・アル・セポルクロ教会の印象が深い。

もの寂びたロマネスク期の教会。円筒型の軀体にささやかなポルターレが付く。その柱を左右のライオンが支えるが、今や明らかに傾いている。内部の壁画が得もいえず良い。

旧市街の西方、陸側の入口がメザーニェ門。ここから少し内陸の町メザーニェへ一直線に延びる国道七号線、これが旧アッピア街道だ。

ブリンディシとアッピア街道の歴史からするならば、また、その栄光の跡がコロンナ・ローナ一基のみとするならば、メザーニェ門にはせめて「ローマ門」の名が欲しいものだ。

フラミニア街道を行く

ウンブリア、マルケ、エミリア・ロマーニャ

ローマ（ポポロ門、旧フラミニア門）を出たフラミニア街道は、ウンブリア州の山間を抜け、マルケ州でアドリア海に出る。終点は海沿いのリミニ（エミリア・ロマーニャ州）。

この街道は、前三世紀終わり、北方のガリアに通ずる古代ローマ主要道の一つとして拓かれた。この街道の現代を辿ってみる。

街道筋の地歴

ウンブリア州は「クオレ・ヴェルデ」と呼ばれる文字どおり緑の中心である。イタリア半島部唯一の海なし州で、テヴェレ川中上流の水源地帯だ。水と緑溢れる桃源郷といってよい。テヴェレ川の支流ウンブラ谷に沿って、フラミニア街道は北上する。太古は湖だった地帯。その水と緑の道筋にスポレート、トレヴィ、モンテファルコ、フォリーニョ、スペッロなど大小魅力ある都市が点在する。

この地帯は、古代ローマ以降、中世スポレート公国（六～八世紀）、多彩なコムーネ時代

（一一～一六世紀）を経て、近世は教皇庁の支配下にあった。

各地に残る建築、絵画その他大部分の文化遺産は、ルネサンス期に当たるこのコムーネ時代に由来するといってよい。これまでもそうした文化遺産を尋ねて、この地に何度となく足を運んできた。

今回の旅は、どちらかといえば、この街道筋に古代ローマの遺産を再確認する算段でやって来た。中世ランゴバルドのスポレート公国は何も残さなかったのに、その以前何百年も溯るローマ帝国が確かな痕跡を残す。

スポレート

先ずスポレートの町に入った。

山上のこの町は、以前にも増して坂の町であることを実感する。南中腹のリベルタ広場に車を置いて旧市街を巡った。

広場から直ぐ下手に見下ろすのが、帝政初期のローマ劇場。修復で再建された観客席とオーケストラ用の床張りを備え、この日はリハーサルで踊る数人の人影が見えた。

坂を上った先の古色の街路には、ドゥルーゾの凱旋門（一世紀）。トラバーチンで造られた一つの半円筒型ヴォールトのアーチだ。これが大理石の円柱を備えた同時代の神殿跡とともに、後世この上に建てられたサンタンサーノ教会に合体している。

リベルタ広場から見る　ローマ劇場跡

通りを抜けたメルカート広場は、古代ローマ都市のフォロの一部。奥にローマ風のピアッツァの泉を見る。その少し先、市役所（西棟）の地下には豪華な古代ローマの邸宅跡があり、公開される。

東側の斜面に至れば、古く美しい広場の奥にこの町で必見のドゥオモの正面が姿を見せる。一二世紀のロマネスク様式。内陣は注目すべきフレスコ画で飾られる。フィリッポ・リッピらの作品群「受胎告知」、「聖母の死」など（一四六七〜六九年）。左壁面には、ここで没したリッピの墓。

ウンブリアには、ルネサンス期トスカーナの画家たちが訪れ、多くの作品を残している。

山を下った街の北端ガリバルディ広場からスポレートを後にした。付近にはサングイナリオ橋。アウグストゥス時代の三連アーチが残る。上流側の兵舎の中庭にも円形闘技場の僅かな痕跡。

クリトゥンノ、スペッロ

北上するフラミニア街道で、傍らに足を止めたのはクリトゥンノの泉である。この土地の地下から古くから湧水があり、同名の神に捧げられていた。ヴェルギリウスや小プリニウスの書にも登場するという。

湧水は一つの浅い湖となり、あくまでも清澄、静謐な湖面に岸辺のポプラと枝垂れ柳が影を落としている。人影も疎らな別天地の趣。ここからはクリトゥンノ川が流出し、短く北流してテヴェレ川の支流に合流する。

少し先の街道沿いにあるのは、クリトゥンノの小神殿だ。四、五世紀初期キリスト教の建造物。サン・サルヴァトーレ教会、といっても再利用された付近の小礼拝堂の古材とともに、クリトゥンノの神様が乗り移ったものであろう。

古代ローマの跡を残す町として、続いて訪れたのはスペッロである。

スペッロで見たものは、昔ながらの佇まいのなか、中世の教会、修道院、市庁舎の建築群。サンタ・マリア・マッジョーレ教会などにピントゥリッキオのフレスコ画が残る。

古代ローマの遺物も、ここには数多く残される。先ず南の玄関口コンソラーレ門（前一世紀起源）。中世再建された城壁に取り込まれ、修復が繰り返された。上部を飾る三体の死者の像は共和政時代のもの。円形劇場から移設された。

西のヴェーネレ門は、アウグストゥス時代の堂々たる建造物だ。古のアクロポリスへの入城門はアウグストゥスの凱旋門。西の野に円形闘技場の遺構もある。

アペニン越え、ファーノ

この地はウンブラ谷の奥、スバシオ山の麓に当たっている。山の西側を行けば州都ペルージャも近い。フラミニア街道は山の東側、アペニン山脈との山間を北上する。

丘の町グアルド・タディーノは、平野部にあったローマ都市タディヌムを継承する。傍らをフラミニア街道が過ぎる。

アペニン山脈の分水嶺を越えると、マルケ州に入る。街道は、ペトラーノ山の尾根にある小都市カーリを過ぎ、メタウロ川を下っていく。

ゴーラ・デル・フルロでは、峡谷の最も狭い部分にフルロトンネル（全長一七七メートル）を見る。七六、七七年の掘削。直ぐ側には、前二一七年フラミニウスによって掘られたオリジナルのトンネル（八メートル）が残る。

街道が遂にアドリア海に達する地点が、ファーノである。

ここで、ローマ植民都市の名残がアウグスト門と市街の碁盤目状の街区に見られる。

アウグスト門（二世紀）は、内陸からの現ローマ通りの先に堂々と姿を現す。砂岩の表面を石灰華で仕上げたもの。中央の半円筒型ヴォールトと両脇の小ヴォールトを備える。上部の開廊は欠けるものの、存在感に不足はない。

門の外側に接して旧サン・ミケーレ小教会が建つ。正面に開くルネサンス様式の扉口（一五一二年）に隣合い、アウグスト門の正面図が浮き彫りされているのが面白い。門の内側にはサン・ミケーレの開廊（一四九五年）。柱廊のある優雅な中庭を見る。

門を入って市内に通ずる道は、アウグスト門通り。そのまま真っ直ぐ進めば程なく海に出る。

ファーノを抜けたフラミニア街道は、海岸線を北上する。

通過する都市にペーザロがあるが、今や古代ローマの痕跡は残さない。ローマ都市ピサルムの上に中世都市が栄え、近くは大音楽家ロッシーニの生地で、八月のオペラ・フェスティヴァルの町として知られるようになった。

リミニ

こうして、いよいよ街道の終点リミニまでやって来た。ローマから三三〇キロほどになろうか。地籍はエミリア・ロマーニャ州。ここから先、さらに北の内陸へと次のエミリア街道がスタートする。

この町は、行く先の内ガリア、ポー川の平野を睨み、橋頭堡のローマ都市として建設された（前二六八年）。

町の入口にアウグストゥスの凱旋門。半円筒型ヴォールトの側面に円柱が並び、上部にティンパヌムがある。前二七年の建造で、古代ローマ最古といわれるもの。フラミニア街道を復興したアウグストゥスを顕彰したものだ。

町の中心トレ・マルティーリ広場に、ローマ都市アリミヌムのフォロがあった。地下にその遺構を僅か見ることができる。ここで前四九年、ルビコン川を渡ったユリウス・カエサルが兵士に訓示したと伝えられる。

また、東の街区の一画に円形闘技場の跡。二〇世紀に発掘された観客席の一部、柱廊のアーチ部が残る。

町を出外れた運河（元のマレッキア川）には、ティベリウスの橋が架かっている。アウグストゥスが着工、ティベリウスが完成した（一四〜二一年）。五連アーチの頑丈な大橋は、今でも現役だ。

興味深いのは町の博物館。ここに古代ローマ石碑美術館があって、中庭にフラミニア街道、エミリア街道の一〇〇〇マイル道標を見る。

リミニは今や海の大リゾート地だが、誇るべき文化遺産に事欠かない。ローマ遺跡のほか、中世の最盛期マラテスタ家の遺産など。

代表的な遺産はマラテスタ聖堂で、一四四七〜六〇年にレオン・バッティスタ・アルベルティの手で改造された。ここは、ジョット、ドゥッチョのほか、ピエロ・デラ・フランチェスカなどルネサンスの成果を窺うのに最も重要な場所の一つといえるだろう。

ルビコン川

ところで、ローマとガリアを隔てる有名なルビコン川は、リミニの北郊を流れている。マレッキア川を渡ったエミリア街道は、間もなくサヴィニャーノ・スル・ルビコーネに至る。この田舎町の真ん中を横切って、ルビコン川は流れる。これが何と予想外にささやかな川なのであった。

その橋の袂に佇んでみた。狭い家並みの旧街道は、一方通行の道路となってこの橋を渡っている。何気なく過ぎてしまう平凡な橋だが、下を覗くとローマ時代のアーチが第二次大戦後復元された曰くあるもの。川はここでやや深い渓谷となり、緑の斜面を見せている。

ここが歴史上の大舞台だった証には、傍らにあのカエサルの像、「ルビコン川のローマ橋」の表示、そして「ローマ／ガリア、前四九年」の標識を見るのみ。

町を一回りしても会う人はない。

旧街道はここで歴史の彼方に霞む遠い記憶と化していた。

Ⅱ　遺跡

アルプスのローマ

ヴァッレ・ダオスタ

「アルプスのローマ」アオスタを再訪した。起源が古代ローマ都市アウグスタ・プラエトリア。現在、特別自治州ヴァッレ・ダオスタの州都である。地政学上、ここはアルプス南面のフランス語圏の地。

ここで大、小サン・ベルナルド峠への道が分かれ、それぞれスイス、フランスへ通ずる。古くからの交通の要衝であった。

ローマ遺跡

市街の形はローマ時代の構造をそのまま受け継ぎ、今も碁盤目状の街区を長方形の城壁が囲

修復後のローマ劇場跡とチーズの塔（左）

む（七五四×五七二メートル）。

城壁上に一八あったという塔も、幾つかが改造されて現存する。東壁のチーズの塔、西壁のハンセン病者の塔。南壁のブラマファンの塔は中世シャラン家の城塞となった。ローマ時代のオリジナルは駅前のパユロンの塔。

アオスタの町歩きの楽しみは、城壁内に数多く残されるローマ遺跡にある。ここに来れば、これらを一通り巡ってみないでは済まない。

先ず町への入口は東から。城壁の手前に建つのがアウグストゥスの凱旋門である。この山間に威風を放つ存在感だ。

傍らを流れるビュティエ川は、中世に流路を変えたが、元の場所に古代のポンテ・ロマーノ（ローマ橋）を残す。町外れに漸く探し当て、窶（やつ）れたそのアーチ橋に対面した。

凱旋門から一直線に市中を貫く旧ローマ道が、城壁のプラエトリア門を通過する。この門の二重の外壁、三つの開口部は一部路面に埋没しているが、巨大な石組みの重量感は周囲を圧するものがある。

辺りは観光客で賑わう商店街。その裏、北のエリアがローマ劇場考古学公園だ。前回修復中だった円形劇場も、観客席とともに正面の壁が高さ二二メートルの原型を取り戻していた。入場料を要するのは、ここを含めて四ヶ所。一年間有効の共通券（七ユーロ）が出る。

二ヶ所目は州立考古学博物館だ。ローマ時代のプリンチパリス門の跡地で旧修道院の建物に収まっている。発掘現場があるほか、古代都市の二〇〇分の一模型があって興味深い。

その三はフォロの柱廊。フォロの基盤を水平に造成した堅固な地下遺構で、フォロの三辺を取り巻いたもの。その壮大な規模には驚かされる。

最後は、初期キリスト教に発するサン・ロレンツォ教会。ローマ時代の墓域に建立され、幾多の改造を経たが、地下に今なお初期教会と墓の遺構を保っている。

この教会の場所は、凱旋門からプラエトリア門までの旧ローマ道（サンタンセルモ通り）から北へサントルソ通りを入った地点。

中世のアオスタ

実はこの一画に、町で最も重要な中世建築物サントルソ教会がある。

この教会の起源は古く九八四～一〇二五年。小広場にロマネスク様式の鐘楼、正面に参事会教会、右側に修道院がある。ロマネスク様式の回廊では、聖書物語を刻んだ柱頭が見事だ。鐘楼の前には科木(しなのき)の古樹が一本、秋の訪れを告げていた。サン・ロレンツォ教会へはこの樹の下を潜り、小道を辿って訪れたのだった。

アオスタの中世は、一〇三三年ここで生まれカンタベリー大司教となった神学者アンセルムスに代表される。長い中世に支配者の名が残るのは、子爵シャラン家と伯爵サヴォイア家だ。この町の大聖堂は一一、一二世紀の建築。町の中心部に位置する。一五世紀以降何度も手が入ったが、ゴシック様式の堂内には美しい木製内陣席を見る。後陣の一部はロマネスク様式。サヴォイア家当主の墓もある。

中世のアオスタも、見るべきものが多い。

アルプスの峠道

それにしても、ここは古代ローマ、ガリアの昔から、イタリアと大陸を結ぶアルプスの一つの要路に当たる。

アオスタの町を外れ、大、小サン・ベルナルド峠への道を少し覗いてみるのも悪くなかろう。

アオスタから分かれ北へ向かう道が、大サン・ベルナルド峠へ通ずる。道筋のエトルブルの村を訪ねた。

現代の道を外れ、見落とされそうな小村だが、昔は峠越えに欠かせない宿場でもあったろう。一筋の小道を挟んで左右に路地が廻り、石造り、平石葺きの屋根に煙突の立つ家々が並ぶ。窓という窓は、季節の花々で飾られる。道沿いに水場、古い礼拝堂と教会を見る。チーズ工場の跡に博物館。村全体がアルプスの自然と巧まざる調和を保っている。

この村は、ヴァッレ・ダオスタでは唯一つ「イタリアの最も美しい村」に登録される。

一方、アオスタからクールマユールへと本谷を進み、プレ・サン・ディディエの村から分かれ西へ向かう道が、小サン・ベルナルド峠へ通じている。夏冬の保養地ラ・テュイユの村がその途中にあった。ここも鄙びた美しい村だ。

峠越えの道は、アルプスを越えることに目的がある。かつて私もスイスへ、フランスへと道中は省略して先を急いだ。

峠道の歴史は、アオスタのような史跡だけでなく、道筋の何気ない小村の中に留まることも、最近は気付くようになった。

ヴェローナ散策

ヴェネト

ヴェローナは、中世の重厚な記念物やロミオとジュリエットの悲話で知られる。と同時に、古代ローマの遺産を保存する北イタリア随一の都市でもある。

オーストリア国境の山地から広大なヴェネトの平野に流れ出たアディジェ川。その大きな湾曲部にこの町が生まれ、様々な歴史を展開、繁栄させた。ロミオが言うことに、「この町の城壁の外に世界は存在しない」。現在、全市がユネスコの世界遺産。

旧市街中心部

前一世紀中頃のローマ都市は、川に三方囲まれた凸の湾曲部に発達した。現代のエルベ広場が中心のフォロで、ボルサリ大通りとサンタナスタジア通りが東西の幹線デクマヌス、サンテジディオ通り、カッペッロ通りとレオーニ通りが南北の幹線カルドだった。

私の宿は、古のデクマヌスの東端サンタナスタジア教会小広場の老舗ホテル「ドゥーエ・トッリ」。今回はここに滞在、落ち着いて市中を巡った。

エルベ広場　マドンナ・ヴェローナの噴水と奥にマッフェイ館

市心のエルベ広場は、風情のある中世の建物に囲まれる。傷んだフレスコ画の外壁も中世そのもの。中央には市場の円柱（一五世紀）。ローマ時代の遺物は、もはやマドンナ・ヴェローナの噴水に小像を見るのみだ。

新しい発見は、広場北辺の道路に面したマッフェイ館の地下。建物自体は後期バロック様式の館ながら、地下のレストランにローマ遺跡が眠っていた。神殿の跡とみられ、石柱の残る現場を通路から見下ろすことができる。その一隅にカップルだけの食卓を設（しつら）えるといった気の利いた演出もあった。

エルベ広場に続くシニョーリ広場は、かつて市の公共機関が置かれた場所である。重々しい記念的建造物に囲まれ、中央にダンテの記念碑を見る。ここの旧政庁舎（一四世紀）にダンテやジョットが招かれていた。往時と同じ陽光に照らされて、同じ広場のカフェで暫く時を過ごした。

旧政庁舎の脇から入ったアルケ小広場。ここに中世の領主デラ・スカラ家の墓廟（一四世紀）がある。同家の紋章の付いた厳めしい鉄格子で囲われる。

傍らのサンタ・マリア・アンティーカ教会（一二世紀）の扉口には、領主として傑出したカングランデ一世（一三二九年没）の墓碑がある。

これらは、中世イタリアでも最大級を誇るヴェローナの領主制の心臓部だ。

しかし、押し寄せる観光客の関心は、多くが物語の「ジュリエッタの家」に向かうらしい。エルベ広場からカッペッロ通りを少し下ると、路地の奥にその家はある。

コムーネ時代のヴェローナは、御多分に洩れず教皇党と皇帝党が争い、ロミオとジュリエットの悲恋も生み出した。その舞台として一三世紀のそれらしいゴシック建築が修復され、バルコニーの下のジュリエット像に人が群れる。

旧市街の中心は、このように殆どが中世の趣だが、ローマ遺跡に拘れば、なお旧市門の二ヶ所を目にすることができる。デクマヌス西端のボルサリ門（一世紀中頃）とカルド南端のレオーニ門（前一世紀）だ。新しい街区に古びた異彩を放っている。

ローマ遺跡

ヴェローナの主たるローマ遺跡は、むしろ旧城壁の外側にあった。

市域の北、アディジェ川凸部の対岸傾斜地。元々ローマ都市発祥の地で、ここに一世紀のローマ劇場が残る。舞台と半円形の観客席、その上に考古学博物館が建つ。この高台から眼下の川とローマ橋、全市街の眺望が素晴らしい。

何よりも当地を代表するローマ遺跡は、いうまでもなくローマ世界最大級の円形闘技場（一世紀）である。夏のオペラ上演でも広く知られるところ。

この場所は最初の市域からは南に外れ、三世紀の外患に際し城壁内に組み込まれた。周辺は湾曲する川の凹部に近く、中世カングランデ一世の時代に市域が拡張。隣合うブラ広場はその後の発展で郊外色を脱し、一九世紀には市役所もできて新しい町の中心となった。

久し振りに見る円形闘技場だが、一〇年二〇年では些かも変わることなく、いつぞやの野外オペラ「アイーダ」の勇壮な場面も偲ばせてくれた。

拡張地区のハイライト

この中世の拡張地区のハイライトは、サン・ゼノ・マッジョーレ教会だ。イタリア・ロマネスクの傑作、ヴェローナで最も有名な建築物といってよい。初期の司教の墓の上に九世紀建立（一二、一三世紀改築）された。

ここを訪れる人は、同時に主祭壇の三幅対祭壇画「聖母と諸聖人」（アンドレア・マンテーニャ作）を目当てにやって来る。柱廊式玄関の扉口も必見。

ほかに、川の凹部に面したカステル・ヴェッキオが名所の一つ。一四世紀、カングランデ二世によって建造された。荘厳堅固な煉瓦造り。これを対岸に繋ぐのがスカリジェロ橋だ。これも総煉瓦造り、大狭間を備えた物々しいもの。

河岸からこの全景を眺める時、中世から近代へ、ヴェローナの壮大な興亡劇が見える。さしものデラ・スカラ家もミラノのヴィスコンティ家に攻略され、さらにヴェネツィアの支配下で独立を失ってしまう。その後ナポレオン占領からオーストリア統治を経て統一イタリア王国に編入される道は、北イタリア諸都市と共通する。

人は去り、累代の野望と怨念をヴェローナの名所旧跡が物語っている。

未だ見ぬセリヌンテへ

シチリア

シチリアに残る古代遺跡は、殆どがギリシャ遺跡である。前八世紀に始まるギリシャ人の植民都市は、コリントス人のシラクサ（世界遺産）をはじめ、メガラ人のメガラ・ヒュブレア、ロードス人、クレタ人のジェラなどとそれらの副次都市。そこにギリシャ本土に勝るとも劣らない栄華の跡を残している。

ギリシャ都市と争ったカルタゴの遺跡は乏しく、ポエニ戦争でシチリアを属州としたローマの遺跡も多くない（世界遺産のヴィラ・ロマーナ・デル・カサーレなど）。

シチリアでは、そうした古代遺跡を時々訪れるのも、旅の楽しみである。しかし、数多いギリシャ遺跡をすべて巡るのは、容易なことではない。

五回目のシチリアにして、初めてのセリヌンテを目指した。

前夜

パレルモから内陸を巡り、セリヌンテに近い海辺の宿に着いたのは夕方遅くなってのこと。

シチリアでも極め付きの僻地である。

暗い田舎町は寂しく、当てにしたレストランもない。漸く町外れに見付けたのは、小屋をかけたような粗末な食堂。それが案に相違して新鮮な魚を選り取り、飾らないサービスで寛げる望外の満足を与えてくれた。

今日獲れた、たこ、いか、えびのほか、いわし、ひめじの一本焼。いずれもシンプルな浜料理だ。ワインは地元のカタッラット種、白。夜の闇にここだけは明るい賑やかな団欒になった。

翌日は、一日かけてセリヌンテ遺跡を巡る予定だ。

これまで、シチリア各地のギリシャ神殿はすべて巡ったが、ここだけを取り残していた。僅かにパレルモの考古学博物館で見たものは、ここの神殿を飾った見事なメトープや破風であった。その美しさは、今や壊滅した神殿群への憧れを呼び起こした。その廃虚をまさにこれから目にしようとする。

セリヌンテの丘

神殿の建つ丘は、直接南の海に面していた。足元を直に波が洗い、間近に潮騒を聴く遺跡は他所にない。

丘は、かつて河港のあった窪地ゴルゴ・コトーネによって東西の二つに分かれる。神殿群もそれぞれ、西側は城壁の残るアクロポリスに四基、ＡＢＣＤ、東側はやや内陸寄りに三基、Ｅ

セリヌンテ東の丘　復元されたＥ神殿

ＦＧと点々配置される。

捧げられた神も不確かなため、アルファベットの名で世を忍んでいるのだ。

これらは、前七世紀以降メガラ・ヒュブレアの住民によって建造されたが、前四〇九年セジェスタとの戦いで破壊され、前二五〇年にはカルタゴにより再度破壊された。決定的な破壊は、その後一帯を襲った地震によるものらしい。ごく一部復元されたのは二〇世紀に入ってのこと。

さて、遺跡見学のコースは東の丘から始まる。緩い傾斜の丘は、この時期赤、青、黄、白、色とりどりのお花畑だ。一面風に靡く楽園の美しさで、物侘びた遺跡をいとも幻想的に際立たせている。

先ず姿を現すのはＥ神殿（前五世紀）。ヘラに捧げられたものという。最後に壊滅した後、一九五八年に復元された。現在周柱部が元の形を取り戻し、荘厳な面影を伝えている。

花畑を縫って道は進む。

ＦとＧは、それぞれ一本の柱を立てるのみだ。崩れ落ちた石材の山が残る。Ｇ神殿は、祭神がゼウスともアポロンともいうが、古代世界最大級のもの。一塊数トンに及ぶ石材が入り乱れ、累々山を成す崩落の跡がその巨大さを物語っている。押し潰されそうな石の隙間で、小さな現代人が感嘆の声をあげる。

アクロポリス

神殿の区域は広大である。西の丘アクロポリスへは窪地を車で移動した。

旧アゴラに近接して、ここでも瓦解した神殿の石材が一面に横たわる。

僅かに一列アーキトレーヴを載せた列柱を立てるのが、Ｃ神殿（前六世紀）だ。祭神はアポロンとされ、セリヌンテで最も古いとみられている。一九二六年に再建された。パレルモで見たメトープはここから出た。

出土品で唯一現地に留まるのは、ブロンズの青年像エフェボである。海に近く簡易な展示室にそれは置かれていた。付近に後代のサラセンの塔も残る。

海は眼下にある。水平線は昔もそうだったように目の高さ、果てしない一直線だ。

こうして全面廃虚の地に立つと、やはり知らぬ間の時の経過が身に滲みてくる。棕梠（しゅろ）やさぼてんの幹が思いおもいに身をくねらせるのを横目に、セリヌンテを後にした。

アグリジェント

ここからは同じ海岸線を東へ、アグリジェントへと向かった。

シチリアのギリシャ神殿でギリシャ本国に比肩する遺跡を誇るのが世界遺産のアグリジェントだ。一番印象に残る光景は、神殿の谷の中腹「ホテル・アテナ」から見たコンコルディア神殿の夜景である。

今回はその追体験でここを訪れた。再び「ホテル・アテナ」の夜。静かに時間を待ち、前景のオレンジとオリーヴ樹越しに、神々しい神殿がライト・アップされ黄金色に映えるのを見た。

ここで太古への深い思いを新たにする。

このホテルには別棟の優雅なレストランがある。その床下に古代遺跡がガラス越しに見られるのも土地柄である。

翌朝、アグリジェントでは神殿の谷をまた巡り、中腹の考古学博物館とギリシャ・ローマ地区は、ガイドを頼み詳細に見学した。

メガラ・ヒュブレア

アグリジェントから海沿いをさらに東へ、シチリアでこの旅最後に訪ねたのがメガラ・ヒュブレアの旧跡。セリヌンテの母市に当たるギリシャ植民都市だ。

所はシラクサの北、アウグスタ工業地帯に近い海辺の野に、それは横たわっていた。ヘレニズム時代のアゴラを中心に、神殿、浴場、住居などが発掘されている。

しかし、そこには一本古ぼけた案内板が立ち、一面芒々たる草、累々たる石組みが広がるのみ。十分管理されているとはいい難い。足元に気を付けながら、暫しこの廃虚を散策した。伝えられるような優れた彫刻技芸は、副次都市セリヌンテに引き継がれたほか、後世にその一端を残すのみ。

考古学者パオロ・オルシ博士による当地の発掘で、「双子に授乳する母子像」（前六世紀）などが出土し、それらは今シラクサの州立パオロ・オルシ考古学博物館に収められる。

セリヌンテからメガラ・ヒュブレアまで、シチリアのギリシャ遺跡は、繁栄の一時代も一瞬に消し去る時の凄まじさを静かに教えている。

Ⅲ　海の地誌

古代の海辺から

ラツィオ

ローマに住み、難しい仕事や憂鬱な冬場から逃れようとすれば、先ず南国の海辺を思い起こすことだろう。

古来、ナポリ湾やカプリ島は、ローマ皇帝お気に入りの別荘地だった。ナポリとの中間ガエタ湾にもそうした別荘地はあった。

今回はこのガエタ湾を目指すことにし、先ずローマから国道一四八号線をチルチェオ岬に向かった。そこはローマからナポリへのティレニア海岸で一番海に突出した地点。その先に広がるのがガエタ湾だ。

チルチェオ岬

チルチェオ山（標高五六一メートル）は太古の島で、背後のポンティーナ平野が浅い海から陸の低湿地に変わる頃、これに繋がったものらしい。海岸線は、この山即ち岬を頂点に大きく弓なりの弧を描く。

岬の北方には、海岸線に沿ってサバウディア湖が残り、背後の干拓地との間にサバウディアの町がある。町の様子は広々として屈託がない。一帯はチルチェオ国立公園だ。

ポンティーナの干拓地には、一九三〇年代新しい町が幾つか建設されたが、サバウディアの都市計画が最も秀れたものといわれる。ここに国立公園の博物館とビジターセンターがあった。

さて、先ずはこのサバウディアに入り、ここからチルチェオ岬へ向かう。海岸線の弧の部分は右にティレニア海、左にサバウディア湖を見ながらの一本道だ。眺望は一部家屋や植生に阻まれ、期待したほどではない。

ただ、正面にチルチェオ山、右端（岬の北西端）にパウルスの塔（教皇パウルス三世の建てた監視塔、一六世紀）、これに波が打ち寄せる景勝があり、左側の湖尻に地中海性植物の囲むバイア・ダルジェントの村が望まれる。湖の対岸には完全自然保護区があり、古代の複合建築物、ドミティアヌスの別荘跡（一世紀）が残る。

サン・フェリーチェ・チルチェオへは、岬の陸側を回り南東側に出た。ここでたった一日のリゾート気分を味わおうとする。今日のホテル「プンタ・ロッサ」は、岬の南端クアルト・カルド地区までなお四キロ余を進む。

山腹の斜面は急峻で、樫やコルク樫、月桂樹や野生のオリーヴなどで覆われる。水際は岩礁で、それぞれ名のある洞窟が口を開けている。海辺に沿う道は狭く、行く手が危ぶまれる所で漸くそのホテルに到着した。

ホテルは、海に落ちる急な山腹に沿い、上下左右に白亜の建物が延びる。遠く水平線、足元に白波の磯を眺める絶景の地だ。

ガラス張りのレストランは空中にあるかのよう。多くのテーブルに家族連れの姿があった。子供連れも多い。料理は海の幸だが、「テンプラ」は日本とは全く違っていた。

飽きる間もなく一日リゾートは終わる。

テッラチーナ

サン・フェリーチェ・チルチェオからは、ガエタに向け南下するが、途中要衝となる町がテッラチーナである。

テッラチーナには、ポンティーナ平野を一直線に横切ってアッピア街道が入っている。ここはローマ時代から栄えた町（古名アンクスル）で、重要な遺跡が残される。

上の町の市庁舎広場（フォロ・エミリア）は共和政後期の中心地で、ここにドゥオモが建つ。

アウグストゥスに捧げられた神殿の跡に一二世紀建立された。広場には古代の石畳が一部そのまま残り、柱廊、二つの門、門外にユピテル神殿の遺構も見られる。

現代の中心地、共和国広場の上手にはネプチューンの浴場跡。下の町の各所には帝政期の遺構も点在する。トラヤヌス時代の港、円形闘技場や浴場の跡。

下の町を見るのは初めてだが、この町は古くからかなり大きなものだったと想像される。町の出口に当たる海辺には、張り出した絶壁を切り開き、トラヤヌス時代にアッピア街道を通したピスコ・モンターノがある。

海に迫ったこの山は、モンテ・サンタンジェロ（古名モンス・ネプトゥニウス、二二七メートル）。ここには背後からの回り道で登ることができる。頂上にはユピテル・アンクスル神殿（前一世紀）の基部が残る。そこからの眺めは絶景で、来し方のポンティーナ平野と海、チルチェオ山までもが一望される。

ティベリウスの洞窟

アッピア街道は、テッラチーナから内陸のフォンディに向かい、フォルミアで再び海に出る。その間、海に迫る険しい山の地形が街道を海から遠ざけた。

私のコースはあくまで海沿いの道を行く。先ずスペルロンガに入った。垂直に切り立つ高さ

海から見たティベリウスの洞窟

六五メートルもの岩山上に、この町は築かれている。古くは漁師町、浜辺は新しい海水浴場だ。

その先の海辺にあるのが、今日のハイライト、ティベリウスの洞窟である。当時ここに「スペルンケ」と呼ぶ別荘があり、地名の起源になったという。

この洞窟は、山腹の道路沿いにある国立考古学博物館から入場し、海辺に下りて見学することができる。

岩壁の海面に開いた巨大な洞窟。その海面は池のように囲われ、陸海一体の空間を成している。現在自然状態だが、共和政後期には建物があり、ティベリウス時代大々的に拡張、整備されたという。美しい彫刻群も配された。

洞窟からは多数の彫像の破片が発見され、復元した彫像群が山腹の博物館に展示される。それらはユリシーズの神話が題材のヘレニズム様式の大理石像で、大小全四一体。なかなか見応えのあるものだ。

この別荘は想像以上に大きく、大変贅沢なものであったことを知る。

ティベリウス（在位一四～三七年）は、アウグストゥスの娘婿の一人。後継者の本命ではなかったが、本命の死が重なり第二代の帝位を得たとも伝えられる。

もともとゲルマニアなど辺境で武勲をあげた将軍である。平時の皇帝として精力の捌け口に戸惑ったのかもしれない。帝の別荘がもう一つカプリ島にあり、放縦な生活の末そこで没したとも伝えられる。

ガエタ

スペルロンガの先は、程なくガエタである。本土からは岬のオルランド山（一七一メートル）で遮断され、その先端部に位置している。太古にはおそらく島であった。

山上には、古代ローマの執政官ルキウス・ムナティウス・プランクスの霊廟（前二二年以降）がある。ここからは広くチルチェオ山からガエタ湾のパノラマが開ける。目の下にフォルミアの町も。

ガエタの旧市街は、三方海に囲まれた狭い土地で、古代都市サンテラズモの跡と中世の街並みが詰まっている。背後の丘には八世紀起源の城が再建され、下部はアンジュー（一三世紀）、上部はアラゴンの城（一五世紀）。いずれも近世ナポリ王国の出城だった。一八六一年ブルボン王朝軍が降伏、ここを最後に統一イタリアに編入された。

旧市街では、先ずドゥオモへ。ロマネスクとムーア様式の鐘楼（一〇〜一五世紀）が興味を引く。シチリアやアマルフィなどに見るものだ。続いてカフェやジェラテリアの路地を散策する。道々、丘の上の城を仰ぎながら、パラッツォ・ドゥカーレ（九、一〇世紀）の痕跡などを見た。

港は、サンタ・マリア港。古来の良港で、港町の玄関口だ。そのためか、ここでは、看板は英語併記、店員は英語を話すなど町に新しい雰囲気があった。

キケロの墓

さて、私のコースの終点はフォルミアだ。アッピア街道が再び海に出る地点。

ここに古代ローマ切っての雄弁家、政治家にして哲学者キケロ（前一〇六〜前四三年）の別荘があった。その跡が港に近い海岸通りからガエタ湾を見下ろす浜辺に残る。ルビーノ荘の下に広がる建物跡、テラスに噴水も見られる。

キケロは、政治家としてカエサル対ポンペイウスに続き、アウグストゥス対アントニウスの抗争にも深く関与した。その渦中で元老院を追放され、滞在中のこの別荘で刺客の手に倒れたのだった。

キケロの雄弁家としての名声、ラテン語を不朽のものとした功績は後世に残った。権謀術策のローマを離れ、風光明媚のガエタ湾で眠りに就いたのは、本人の天命だったかもしれない。アッピア街道を少し戻った地点に、キケロの墓とされる石造物がある。四角形の基礎に高く築かれた円錐型。真偽は定かでないが、今となってはこれを縁にキケロはいつまでもこの地に生きるだろう。

なお、ガエタ湾はこの先も弓なりに南へ延び、やがてナポリ湾へ続く。この伸びやかな海岸線は古代から今なお、南国の懐へ人々を誘っている。

アドリア海北辺

フリウリ・ヴェネツィア・ジュリア、ヴェネト、
エミリア・ロマーニャ、マルケ

ここ三、四年間の旅では、何回かアドリア海の北辺を往来した。以前の旅とも重なり、所々の沿岸が濃淡様々な印象を残している。

トリエステ

先ず、最奥部のトリエステ湾から。

旧オーストリア領、トリエステのイタリア帰属は遅く、一九一八年（再復帰一九五四年）。現在フリウリ・ヴェネツィア・ジュリア特別自治州の州都。

トリエステ旧市街の中心、イタリア統一広場は、三方を市庁舎など壮麗な建物が囲み、一方を海に向かって開く。そこは古代ローマに発する港のサン・ジュスト停泊区。目の高さの海に臨むと、大陸唯一の出口にかけたハプスブルク家の野望がなお漂うかのようだ。

背後のサン・ジュストの丘には、町のシンボル、サン・ジュスト教会（一四世紀）。そこは

古代ローマの神殿跡地だが、遺跡としては、丘の麓にローマ劇場（二世紀）の一部が発掘されている。

トリエステに近い海岸の岬には、有名なミラマーレ城がある。一九世紀オーストリア皇太子マクシミリアンのために建てられたイギリス式ネオ・ルネサンス建築。広大なイタリア式庭園に囲まれる。

岬を囲む海域は、水文学や生物学の上で特異な海洋保護区に指定され、海洋環境教育センターも置かれている。

内陸の丘は、ＤＯＣ（統制原産地呼称）ワイン、コッリオの名産地。海辺のレストランでグラスを傾けながら、夕日に映えるミラマーレ城を眺めるのもよい。

アクィレイア、グラード

北辺で最も古く由緒ある地点は、アクィレイアとグラードであろう。

ローマ帝国の築いた四番目の都市、第一〇州の首都だったアクィレイア。前一八一年からの古都は、軍事拠点から商業都市としても栄えるが、四五二年アッティラの侵攻から衰亡に向かう。大主教管区の中世も、一四二〇年ヴェネツィアに敗れ終焉した。

現在、河港の跡を中心に、興味深い古代遺跡と中世の記念的建造物、ロマネスク時代の大聖堂（一一世紀）を見る。いずれも世界遺産に登録される。

この河港から海へと延々続くジュリア・アウグスタ道を行くと、潟の中に築かれたグラードに達する。

今回は初めてこのグラードを訪ねた。潟の道は真っ直ぐの一本道。あたかもメストレからヴェネツィアへ渡る一本道（リベルタ橋）のように何もない水上を行く。

グラードも古い町で、アッティラに追われたアクィレイアの人々が当時ビザンティン領のこの地へ逃げ込んだらしい。現在のグラードは、近代的な周辺部に瀟洒(しょうしゃ)な海水浴場、内港の先の込み入った街区に旧市街があった。

旧市街の中心サンテウフェミア教会（六世紀）は、四、五世紀の聖堂跡に建てられた昔の大聖堂だ。三廊式の内部に美しい柱頭のローマ式円柱が並び、床面の各所に創建時のモザイクが見られた。

教会の右手にはローマ時代の石碑博物館。左手に八角形プランの洗礼堂（五世紀）、さらにその左にサンタ・マリア・デレ・グラツィエ教会（四、五世紀、六世紀改築）がある。ここにも当時のモザイクが残される。

グラードは、潟の最前線にあり、直接アドリア海に面している。小島が点在する背後の潟は青鷺や白鳥の越冬地だ。ここがアドリア海の潟の北限である。

潟はラグーナ・ディ・マラーノに続き、さらに南西の先でアドリア海最大のラグーナ・ヴェネタに至る。

ラグーナ・ヴェネタ

ラグーナ・ヴェネタは、その中心にヴェネツィアの島々を抱え、そのよって立つ潟の自然を陸海で守ってきた。

もともとここは、背後のピアーヴェ川、ブレンタ川と前面のアドリア海とが相せめぎ合う地である。二つの川の流路を変え、弧を描く洲によって海を退けることで潟は保持された。

潟はシーレ川（元のピアーヴェ川）の河口からブレンタ川まで南北五二キロ、東西の幅八～一四キロ、面積およそ五五〇平方キロ。海を隔てる洲は、カヴァリーノ、リド、パレストリーナ、ソットマリーノ・ディ・キオッジャと弓なりに続き、三ヶ所に港の口を開く。この口から潮と船が出入りすることでヴェネツィアは海港であり続ける。

潟の運河は、蛇行しながら広がる昔の川の流れを踏襲する。水面にはその幅や流れを示す木杭の列が視界の彼方まで延びている。いつぞや夜遅く空港に着き、本島のホテルまで水上タクシーを走らせた際も、闇のなか木杭の間を猛スピードで抜け、はらはらしながらも安全に到着した記憶がある。

運河は昼となく夜となく、大小内外の船が行き来し、市民の日常生活や観光の用を果たしている。潟の運河は公共の道路なのだ。

潟の外周を守る洲も街の一部である。リド島は海水浴場であると同時に郊外の居住地区だ。また優雅な社交場でもあり、夏のカジノと毎年のヴェネツィア国際映画祭でも知られる。ラグーナ・ヴェネタは、実に自然と人工との壮絶な戦いとその麗しい戦果といえよう。ヴェネツィアの世界遺産には、この潟も含まれる。

ポー川三角洲

その先、ポー川の大三角洲は、ラグーナ・ヴェネタを少し南下した海岸に現れる。アドリア海へ最大二五キロも張り出し、地積五五〇平方キロ（ラグーナ・ヴェネタに匹敵する）に及ぶ。ここでは土砂を吐き出す川の力が、浸蝕する海の力を完全に上回っている。

この三角洲も、ローマ時代にはここになく、ポー川はもっと南を流れていた。現在、ポー川は河口近くまで素直に東流するが、三角洲に向けて複雑に分流する。最初に南東へポー・ディ・ゴーロを分ける。この分流がヴェネト州とエミリア・ロマーニャ州の境界線だ。次に東へポー・ディ・レヴァンテ（最も北の分流）が分かれ、さらに下って中小の流れを分けつつ南へ折れ、ポー・ディ・トッレと名を変えて海に出る。

三角洲には、幾つもの分流に加え無数の運河が刻まれ、穀物やビート畑の田園風景が広がる。ムール貝や魚の養殖も盛んらしい。一方、自然状態の河川や潟に残る景観も人の目を楽しませる。河口は自然保護区。一帯は州立公園となっている。

後背地の自然に大きく人の手を加えたのは、干拓であろう。干拓は古くから行われた。「イタリアのオランダ」ともここは呼ばれた。本当にそれらしく、大きな空の下、真っ平らな土地が内陸に広がる。海面より低い土地があるのもオランダ並み。

ラヴェンナ近郊

そうした干拓地の一角に、ポンポーザ大修道院を訪ねた。

孤立して、しかし広々とした構内に教会と修道院が建つ。国道を行くと、遥か手前から丈高い四面とんがり屋根の大鐘楼が望まれる。

サンタ・マリア教会は、起源が八、九世紀のラヴェンナ様式。柱廊玄関の隣に峻り立つ大鐘楼（一〇六三年）は、高さ四八メートル、ロンバルディア様式。

修道院は、一一世紀に建てられた古い建物で、ベネディクト会に属した。フレスコ画の残る食堂や小博物館が見られる。その長い歴史のなかで、修道院は領地の湿地化やマラリア禍のため次第に衰え、一六五三年には廃止、一九世紀末から施設は国に帰属している。

この大平原のなかで大修道院が大きなランドマークであることは、昔と変わらない。

大平原の坦々たる風景は、南方のコマッキオへ続く。

コマッキオは、運河で分かれた小島の集まりである。一方、海岸線は長い砂浜で「コマッキオのリド」と呼ばれる。リド群は二〇キロも続き、海水浴客で賑わう。

この一帯、ポンポーザ大修道院からの海岸はエミリア・ロマーニャ州ラヴェンナ県に属する。最重要都市が県都ラヴェンナだ。

ラヴェンナは西ローマ帝国の首都になる以前も、帝国の重要な海軍基地だった。浜堤で囲われたクラッセの潟が軍港に好適な条件を備えていた。クラッセの名はラテン語のクラッシス（船隊）に由来するらしい。

しかし、その後潟と海の陸地化が進み、ここは今海岸線から一二キロも離れた内陸の都市になった。再び海の都市として復活したのは、経済発展と沿岸開発による最近のことである。

マルケ海岸

この先、海岸線はリミニを経てマルケ州に入る。

マルケの海岸線は、ペーザロから州都アンコーナまで、長大な砂浜と海水浴場に恵まれる。リミニからペーザロを経てファーノまでは、古のフラミニア街道が通る。街道はファーノから内陸に入り、アペニン山脈を越えてローマに向かうのである。

その先の海岸線で今回私が楽しみにしたのは、セニガッリアである。

セニガッリアは、ミザ運河が海に注ぎ、運河港の交易都市として栄えた。旧市街は一五世紀の城壁に囲まれ、ルネサンス期の繁栄の跡を残す。

しかし、今回楽しみのセニガッリアは、海水浴場にもなる長大な砂浜の方である。そこによ

アンコーナ港　小さくトラヤヌス門

く知られるレストランがあった。

何処までも続く砂浜に沿って、ルンゴマーレ・イタリア通りを行く。煌めく海はあくまでも碧く、渚の白波から沖合に変化する色調が美しい。地籍はマルゾッカ。その浜にふと現れるのが「マドンニーナ・デル・ペスカトーレ」（漁夫の小マドンナ）の祠である。そして向かいの道路際に同名のレストラン。

以前、日本好きの若夫婦が始めたこのレストランに立ち寄ることがあった。竹を植えた路地から海の見えるガラス張りの清楚な店内に案内された。

それから一五年にはなろうか。この印象は今になっても変わっていない。そのうえ、今回はスタッフも増え、ミシュラン二つ星の自信と頼もしさが加わった。

海の幸に土地のワイン、ヴェルディッキオを合わせ、再会の喜びと美味を満喫した。

アンコーナ

さて、終点とするのはマルケの州都アンコーナである。

グアスコの丘を登り、サン・チリアコ大聖堂に詣でる。一一～一三世紀ロマネスク最大の記念建造物だ。丘を背に広がる旧市街は、ローマ時代に発し、今に円形闘技場（一、二世紀）の跡を残す。古の町には中世の通りや階段。

丘の麓で港に建つトラヤヌス門（一一五年）は、防波堤の整備を記念して建設された。今や近代的な港湾地区に取り残され、独り古の記憶を繋ぐ。

一方で、一八世紀末以降整備された新しい地区は、港沿いや内陸に真っ直ぐな道路を延ばし、都市の風格を整えている。

アンコーナは、アドリア海に張り出した古来の要衝である。しかし、中世教皇庁の支配とヴェネツィア共和国の脅威に阻まれ、大きく海に羽撃(はばた)くことはなかった。

グアスコの丘からは、足元に見下ろす港と遠く限りない水平線のパノラマが素晴らしい。今港の開発を急ぐアンコーナにとって、アドリア海は希望の水平線になるのだろうか。

海景の町

サルデーニャ

サルデーニャ島の北にはコルシカ島（フランス領）。ボニファチオ海峡に臨むサルデーニャ北辺の海岸は、西方がアシナーラ湾。長く弓なりの湾岸線が続く。

今回の旅は、この北の湾岸から北西側の海岸まで美しい海景と古く魅力のある町や村を訪ねたい。

ポルト・トッレス

湾岸の中心に位置するのがポルト・トッレス。北部最大の港町である。

この町は、早くもローマ時代に栄え、トゥッリス・リビソーニスの名で知られた。後背地の穀倉地帯からは小麦などが船積みされ、ローマに供給された。ローマの外港オスティア遺跡にモザイクの一枚「トゥッリスの船主たち」がある。

トゥッリス・リビソーニスの遺跡は、町の西側、ポンテ・ロマーノ（ローマ橋）通りに沿って連なっていた。

サン・ガヴィーノ教会　入口は側面に

帝政初期のローマ橋は、今もマンヌ川に架かっている。現状は荒れて通行不能だが、見学は自由。ほかに残されたものは主に浴場で、二〇世紀半ばに発掘された。「テルメ通り」の博物館には、発掘された祭壇やモザイクなどが収められる。

ポルト・トッレスが中世にも繁栄した証は、町の高台に建つ著名なサン・ガヴィーノ教会にある。サルデーニャで建てられたピサ様式の教会のなかで最古（一一世紀）。プランが変わっていて、対置した二廊式、正面を欠き入口は側面にあるというもの。

中世サルデーニャには四王国が成立したが、その一つがこのトッレス。サラセンの侵攻を許さず、ここ北、西部を支配したのがピサ共和国だった（中、東部はジェノヴァ共和国）。

現代は、港湾都市のほか工業の中心地。それに海水浴場で賑わう。海岸に下りると広い砂浜に海水浴場が広がっていた。岩場の裾に建つ白亜のバライヴィチーノ小教会が、海原を背景に美しい佇まいを見せる。

ここからは、アシナーラ湾沿いに東へ、カステルサルドに向かう。なだらかな砂浜の道は何処までも延び、幾つかの海水浴場や駐車場の溜まりを過ぎる。夏の盛り、浜辺は夾竹桃（きょうちくとう）やブーゲンビリアの花盛り。真紅の花弁が目を楽しませてくれる。

カステルサルド

ポルト・トッレスから三〇キロ余。アシナーラ湾に突出した険しい山体（標高一一四メートル）が現れる。カステルサルドである。稜堡に取り囲まれた山上の村。その切り立った独特のシルエットが、眺めただけで内の魅力を予感させる。

この村にいきなり入るのもよいが、外から風景を楽しむ場所に先ずは宿を定めた。背後の山地を急登した先に、ホテル「バヤロリア」がある。標高はカステルサルドを凌ぐ。ここからカステルサルドと海辺、水平線を四六時中眼下に眺めることができる。ホテルのレストラン「リンカントゥ」のテラス席からは、ライトアップされた村の夜景が幻想的に浮かび上がった。

翌日はホテルから海岸に下り、カステルサルドの村内を探訪する。車は中腹の村の入口まで。稜堡の内側が重なり合った石の家並み、ジェノヴァが要塞を築いて以来の古い村だ。

頂上の要塞には、中世の僅かな遺構とともに小博物館（地中海交流博物館）があり、地元の手工芸品（刺繡したバスケット類など）を展示する。少し下るとサンタ・マリア・デレ・グラツィエ教会。堂内に黒いキリストの磔刑像（一四世紀）を見る。

海に面する大聖堂は、荒々しい岩壁が雪崩れ落ちる山腹に建つ。ここには通称「カステルサルドの画家」による多翼祭壇画（一五世紀）。

居住区の街路は、斜面の村内に狭く入り組み、上り下りも激しい。そんな迷路のあちこちにテーブル席が出され、花々が飾られたりする。清掃も行き届いている。

村の入口に戻るまで、時を忘れ方角を失う散策を楽しんだ。

昔から、またこれからも海風が直接吹きつけるこの村は、サルデーニャで数少ない「イタリアの最も美しい村」の一つに登録される。

カステルサルドからは、ポルト・トッレスに折り返し、今度は同じ北部でも西側の海岸線に向かう。

アルゲーロ

先ずは内陸のヌッラの平野部を横切って進む。かつては季節移動の牧童しか見られなかった土地が、二〇世紀以降灌漑によって蘇った。とはいえ、辺りに人家はなく、野の道の風が強い。行き交う車も少ない。

西海岸はアルゲーロに到着。湾入した海に突き出た一画の城塞都市である。暫し休憩。一四世紀アラゴンの征服以来、カタロニア文化の色濃い町。今は内陸に市域を広げ、この地方の中心都市となった。空港もあり、ローマから直接出入りすることもできる。周辺には、ヌラーゲ・パルマヴェーラといった見所や魚介、ワインなど海の幸、山の幸の出所に恵まれる。

この町からはまた、ポルト・コンテの岬に潜む、サルデーニャ切っての名勝ネプチューンの洞窟も近い。

そういうことから、この町にはこれまで何回かやって来ている。今回は素通りだが、かつてと変わらぬ町の姿を懐しく見た。旧市街の城壁、スピローネの塔と傍らのレストラン「ラ・レパント」、岩礁に建つホテル「ヴィラ・ラ・トルナス」――。

アルゲーロからは、サルデーニャ島が地中海に臨む西海岸の最北部を行く。海に迫る険しい山の中腹から尾根を伝う道である。上り下り、曲折を繰り返しながら行く。海と山の景色が大きく開け、天高くまことに心地良い道中だ。

ボーザ

目的地はボーザ。谷間から海に出るテーモ川の河口近く、両岸に古い家並みを見る。

ボーザでは、この旅に珍しい雨に見舞われた。川と家並みの間に棕梠の並木が煙っていた。

居住地区を見下ろす右岸の高台にセッラヴァッレ城（一二世紀）がある。傘を差しながらも険しい階段に挑んだ。

城は、サルデーニャ中世の軍用建築を代表するもの。マラスピーナ家からアラゴンと歴代の領主が拡張を重ね、丘全体を城と化した名城である。城内の広場に教会も建つ。

城壁から見下ろすボーザの村は、赤い屋根一色の美しい眺めだ。その先テーモ川が蛇行して海に入る広角の景色は時を忘れさせる。

ボーザは、古くから金銀の線細工、珊瑚細工や木彫りなどを業とした。皮なめしに適した左岸の川沿いには、一八世紀に造られた職人街サス・コンサス地区がある。産業史の一齣を物語るもの。

このボーザも「美しい村」の一つ。

こうして、サルデーニャはカステルサルドからボーザまで、始点と終点を「美しい村」で結ぶ海岸線を歩いて来た。北限のおおらかな海景の旅であった。

Ⅳ　異文化

地中海の十字路

シチリア

シチリアの玄関口、州都パレルモ。

パレルモに来るたび投宿したのは、市心から少し離れたアクア・サンタ地区のホテル「ヴィラ・イジエア」であった。アール・ヌーヴォーの壁画に飾られた館内、椰子(やし)の庭園から広がる港の風景が美しい。シチリア開明期の財閥フローリオ家の旧別邸。

今回に限っては趣向を変え、街のど真ん中、クワットロ・カンティに隣合う老舗ホテル「セントラル・パレス」に入った。眺めとか新鮮な空気には程遠いが、街歩きの便はこの上ない。市内の要所は、皆徒歩圏内だ。見所をゆっくりと巡りたい。

多文化のパレルモ

大聖堂（一二世紀）では、フェデリーコ（フリードリヒ）二世の巨大な石棺やコスタンツァ妃の美しい冠をしみじみと見た。一三世紀、神聖ローマ帝国（ホーヘンシュタウフェン朝）皇帝でありながら、ここパレルモの宮廷に多文化の花を咲かせた稀代の王を偲ぶ。

堂内には当世の風も吹き込んでいた。マフィアに斃（たお）れた新しい福者の墓があり、供花を前に暫し足を止めた。

久し振りのノルマン王宮は、パラティーナ礼拝堂（一一四〇年、ルッジェーロ二世建立）。堂内を埋め尽くすモザイクは、いつ見ても新しい驚異に捉われる。今回は一層輝きを増しているようだ。人々の踏みしめる床面の一画が囲われ、何人かの手で細かい修復作業が続けられるのを見た。営々と引き継がれるものがここにある。

こうしたアラブ・ノルマン様式のパレルモは、一括して世界遺産に登録される。

州立美術館は、建物のアバテッリス館も元のまま。「死の勝利」や「受胎告知」（アントネッロ・ダ・メッシーナ）も定位置で対面することができた。「エレオノーラ・ディ・アラゴンの胸像」の時間も止まっていた。

考古学博物館は、何故か休館中。ここにはセリヌンテの神殿を飾った美しいメトープや破風があった。再会は叶わず。

　ここで、これまで見過ごしたパレルモならではの文化遺産を初めて訪ねることになった。それは「シチリアのベルニーニ」と称されるジャコモ・セルポッタ（一六五二～一七三二年）の作品群。美しい漆喰（しっくい）バロックの傑作である。

　先ず、サン・ドメニコ教会のロザリオ祈禱所にて。ここにはファン・ダイクのフランドル絵画があるが、それと交互に空間を埋めて純白優美なセルポッタの彫刻群が配される。

　サンタ・チータ祈禱所では、壁全面を飾る「レパントの海戦」。そのほか窓という窓を囲んで豪華な装飾が施される。

　サン・フランチェスコ教会とその祈禱所にも、繊細なセルポッタの作品を見る。

パレルモからモンレアーレ

　パレルモの朝晩は、ホテルから街へ散歩に出た。

　クワットロ・カンティの四隅は、壮麗なスペイン・バロックの彫刻で飾られる。一隅のプレトリア広場は、フィレンツェ風の裸体像を配した大噴水が見ものである。別名「恥の広場」。フィレンツェとはやはり感覚が違う。

　奥のベッリーニ広場には、アラブ・ノルマン様式の記念的建造物が並ぶ。ラ・マルトラーナとサン・カタルド教会。片やオリジナルの内部がビサンティン・モザイクを秘め、片や赤帽子のアラブ風ドームが異彩を放っている。

モンレアーレ大聖堂のモザイク（左側廊）

庶民の台所で知られるヴッチリア市場も近い。パレルモ料理のレストランにも事欠かない。パスタ・コン・サンデは、いわしを松の実、フェンネル、干しぶどうなどで和えた御当地パスタ。太めのブカティーニが良い。

地中海の十字路シチリアの、州都パレルモの日常は、こうして異文化の混交、集積の上に営まれてきた。

さて、パレルモにいる以上、後背地のモンレアーレを訪ねるのは必然のこと。大聖堂（一一八三年、グリエルモ二世建立、世界遺産）では改めて堂内を輝かすモザイクの壮観に接し、その足で旧ベネディクト派修道院の美しい大回廊を巡った。

展望台からは眼下のパレルモ平野「コンカ・ドーロ」（黄金の盆地）を一望。豊かな緑の先に、街の近郊でさすがにビルの数も増えた様子が見て取れる。

ところで、ここモンレアーレからさらに内陸へと足を踏み入れることはかつてなかった。内陸は内陸で、シチリアの多様な文化が息づくに違いない。

アルバニア人の村

一旦はパレルモに下り、内陸へ通じる山道をひたすら登り始める。

先ず向かったのが、ピアーナ・デリ・アルバネージの村。標高六〇〇メートル、盆地状の斜面を埋める狭い街路の村内を歩いた。

簡素なサン・ジョルジョ教会。ルネッタに大きく全能のキリストが描かれ、数々のイコンが内陣の仕切りに飾られている。いわゆる折衷方式、東方正教の典礼によるカトリック（アルバニア系）であるらしい。

この村は、オスマン・トルコから逃れたアルバニア人が一四八八年に住み着いたもの。人口六三〇〇人、今でもアルバニアの伝統が保たれ、アルバニア語で暮らしている。イタリア語は小学校で習うという。

民家のような素朴な村立博物館（無料）。ここで大変美しい豪華な民族衣裳に驚かされた。祭事用、婚礼用の衣裳は鮮やかな赤の植物紋様が見事だ。

奨められた村外れのレストランでは、ズッパ（フェンネル、豆、極細パスタに生リコッタ）もパスタ（タリアテッレ、トマトソースにリコッタ掛け）も立派なイタリア料理だった。

村を離れた途端、大きな自然が再び広がる。振り返ると、湖を隔てた山懐に遠く肩を寄せ合うこの村が見えた。異国を故国とした人々の思いが様々に思われた。

マフィアの村

岩山と麓の緑を縫って、狭い道路が延びる。季節の花々が咲き乱れるなかをコルレオーネの村に着いた。悪名高いマフィアでその名は知られるが、ファミリーの故郷はどんな所だろうか。

岩山に囲まれた静かな村である。人口一万一〇〇〇人、比較的大きな印象だが、特別の曰くを感じさせるものではない。映画「ゴッドファーザー・パートⅢ」での撮影場所はどうやらこの村にはなさそうだ。

道路から中心広場に上ると、役場は今日は閉ざされるが、入口のプレートに歴史的な「シチリアの晩鐘」事件の浮き彫りがあり、「自由と正義、一二八二年」の銘が見えた。フェデリーコ二世後フランス、アンジュー家の悪政が島民の反乱を呼び、パレルモに発する独立運動がこの地にも及んだのだ。

この精神がなお引き継がれているのだろうか。反骨脈々たる地といえるのかもしれない。

映画の中の村

内陸のシチリアは穏やかな起伏に富み、眺めは雄大。うねりながら田舎道をさらに辿る。

パラッツォ・アドリアーノの村は、ここもイタリア映画でよく知られたシチリアの村の一つ。ジュゼッペ・トルナトーレ監督「ニュー・シネマ・パラダイス」に見る映画館前の広場がここにあった。

実際の広場は、映像より地味な印象だが、取り囲む教会や村役場の佇まいは映画の雰囲気を彷彿させる。広場を望むバールでは今日も村の老人が屯し、時間がゆっくり流れている。小さな映画博物館が、ひっそり村役場の一隅に設けられていた。

村の人口は二〇〇〇人。起源は一五世紀末、オスマン・トルコに追われたギリシャ難民の村という。正統カトリックのほか、ここでも正教の典礼によるカトリックの信者が多い。

シチリアには、古来外来民族の往来が繁く、多くは征服者としてやって来た歴史が知られる。ギリシャやカルタゴに始まり、ローマ、アラブ、ノルマン、ホーヘンシュタウフェン、アンジュー、アラゴン、ブルボンなどの王朝。

しかし、知られざる被征服者の歴史にも事欠かない。ある時期からイスラム勢力に追われた難民の歴史が始まった。今では紛争や貧困から逃れた難民が常時やって来る時代になった。

今回の旅先では、これまでに数え切れない歴史の証人に出会ったことになる。

サルデーニャ島縦断

サルデーニャ

地中海で、シチリア島に次ぎ大きなサルデーニャ島。豊かな海と奥深い山岳地帯の魅力はシチリアに勝るとも劣らない。太古からの歴史と多様な文化遺産にも恵まれる。しかし、これまではイタリアの数多い有名地の蔭にあって、脚光を浴びることがなかった。その名を知る人も、イタリアの後進地というだけの漠然たるイメージであったろう。

サルデーニャ探訪

そうしたサルデーニャの真の姿が、今興味を引き付けて止まない。独特の自然と歴史、文化。触れるほどに、知れるほどに真価を増す。

かつて、私にとってもサルデーニャは世界の田舎、イタリアのなかでも例外の地だった。しかし旅を重ね、まさに田舎こそ、例外こそが現代に貴重なものと考えるようになった。

久し振りにやって来たサルデーニャでは、そのことを確かめつつ、見過ごした地域も転々拾いながら歩いてみることにする。

州都カリアリから、島を縦貫する幹線カルロ・フェリーチェ道を北上する。車の旅である。道路事情は支線を含めて想像以上に良い。特別自治州のサルデーニャは、公共投資も盛んであるらしい。大方の道路は舗装済み、快適に走れる。

一方、ホテル事情は良好とはいいかねる。田舎町で好みの宿を確保することは難しい。その場合、近隣のミニ・リゾートを予約しておく。温泉や景勝地にミニ・リゾートが分布していることを知った。

ヌラーゲ

さて、カリアリを出ると、広大なカンピダーニ平野が続く。およそ中間地点のオリスターノまで。その間サンルーリなど農業の町が点々と続く。

サンルーリから東へ支線を入り、卓状地ジャラ・ディ・ジェストゥリを目指した。その麓にバルーミニの村がある。

住宅地の外れ、起伏のある緑の裾野に見出すのが、ヌラーゲ・ス・ヌラクシだ。

ヌラーゲは、島内に分布する先史時代の石積み構造物で、サルデーニャ特有のもの。堅固な石材を空積みした巨大な砦や防壁、集落を成す住居の遺跡である。その数七〇〇〇を超すといわれるが、バルーミニ周辺はその密集地帯の一つ。

ス・ヌラクシは、ヌラーゲ中最大級のもので、世界遺産に登録される。二階建ての中央の塔

ヌラーゲ・ス・ヌラクシ集落跡

（前一六～前一三世紀）に始まり、四基の隅塔を備えた稜堡、防壁（前六世紀）、その外側に五〇戸ほどの住居跡を残す。

集落は、前七世紀に破壊されたが、その後古代カルタゴ、ローマの時代に再利用されたらしい。サルデーニャにはこのヌラーゲ文明あるいはヌラーゲ文化が最初に誕生した。それを引き継いで土俗の島サルデーニャが形成され、外来のキリスト教文化と混合してきた。

代表的なヌラーゲ地帯は、さらにこの先カルロ・フェリーチェ道を北上したログドーロ地方にも見られる。

トッラルバ近郊のヌラーゲ・サントゥ・アンティーネは、ヌラーゲ中最大、三層の中心塔を囲んで三隅に塔を備えた堂々たる姿。内部構造も保存される。前一四世紀の築造、前七世紀まで使われたという。

塔の頂上、ここにはいつも昔の風が吹く。周辺の曠野には、コルク樫などの木陰に大小のヌラーゲの残骸が見え、現代の風雨に身を任せている。

サルデーニャ人

さて、このヌラーゲ地帯のさらに奥、島の中央東部を占める大きな存在が、サルデーニャ最大の山岳地帯ジェナルジェントゥ（最高峰ラ・マルモラ、標高一八三四メートル）とそれを囲むバルバジエ地方だ。

人々は閉ざされた幾つもの山間の村に暮らしている。謎に包まれた先住民族の子孫たちだ。

余談になるが、イタリア北部のアルプスで発見された「アイスマン」のこと。聞くところでは、そのＤＮＡはサルデーニャ人に一番近いという。それ以降ヨーロッパに流入、混血した外来民族がサルデーニャには到来しなかったのか。

その後たび重なる外来民族の支配にかかわらず、サルデーニャ人は独自の伝統文化のなかに生き抜いてきた。近代文明に背を向けてきたともいわれる。

ミシュランのガイドブックにも「古代ローマ人といえども完全に征服しえなかったこの地域は、今日でも一般社会に馴染まず、特殊な風習を維持し、特殊な服装を身に着けている」、「彼らは今でもサルデーニャ語を話し、祭りのたびに伝統衣裳を好んで着る」とある。

バルバジエへの旅は機会を改めるとして、およそこのサルデーニャにはともかく祭りが多い。キリスト教の行事にも絡んで年中何処かで大小何らかの祭りが行われる。島を挙げての祭りも幾つかある。

大きな祭りでは、かつてカリアリの聖エフィジオ祭（五月一日）を見た。これから向かうオリスターノでもサルティィリアの祭り（カーニバルの最後の日曜日と次の火曜日）を体験した。サルティィリアは、身を清めた騎士の儀式や白仮面を連ねた馬上競技が超俗的、魅惑的な祭り。サルデーニャでも特別の不思議の一つだ。

フォルドンジャヌス

今回も付近で祭りのある町を調べてやって来たのが、フォルドンジャヌスである。この町はオリスターノの北東、カンピダーニ平野の北辺で赤茶けた大地に隔絶されている。ローマ時代から評判の高い温泉地だ。古い町はティルソ川の左岸にあるが、新しい温泉リゾートが右岸の高台にあった。四囲は山地。ホテルのテラスからは、粗面岩の大地に疎林と草地の自然風景が広がる。羊の群れも見える。一時雷鳴とともに激しい夕立が過ぎ、自然は生き返った。心地良い風が渡る。

今日は当地の守護聖人聖ルッスリオとアケオの祭日に当たっていた。しかし、残念なことに、到着した時、祭りの時代行列は終わっていた。小さな祭りでは、事前の情報不足から齟齬（そご）はままあることだ。

その代わり、小耳に挟んだのが夜の音楽祭があるという話。午後一〇時、ホテルから町へ下りてその音楽祭に行ってみた。しかし、それは案に相違して現代的な音楽ショー。ドラムにエレキギター、大音響に激しい照明。人気バンド「グルッポ・サルド」なるものの公演であった。広場に屯した大勢の老若男女がそれを楽しんでいた。それもこれも、古びた田舎の深夜の町にこれ以上不似合いなものはない。

とはいっても、これは旅行者の感想である。祭りは伝統の祭りばかりではない。年に一度の非日常を地元の人々は楽しんでいるのだろう。

翌朝、同じ町を散歩してみた。前夜の喧噪は嘘のように静まり返っている。道路を仕切った仮設のステージは跡片もなく、傍らのカーザ・アラゴネーゼ（一六、一七世紀）が何事もなかったように古びたままの佇まいを見せる。

征服者アラゴンの残したこの館は、この地の典型的な貴族の館で、最近修復されたもの。広場に柱廊を開くこの一画は紛れもなく中世の雰囲気だ。

町を出外れた川沿いの傾斜地には、古代ローマの浴場跡（一〜三世紀）が残る。柱廊付きの長方形のプールから冷浴、温浴、熱浴室を備えた施設跡。続いて舗装されたフォロの遺構も見ることができる。

サッサリ周辺、北の外れ

フォルドンジャヌスからは再びカルロ・フェリーチェ道に入り、北上してサッサリに至る。サルデーニャ北部のサッサリは、カリアリに次ぐ島内第二の都市である。今回はここを割愛する代わりに、周辺に見られる味わい深い歴史遺産を再訪した。

トッラルバに近いボルッタ（サン・ピエトロ・ディ・ソッレス教会）やサッサリの手前コドロンジャヌス（サンティッシマ・トリニタ・ディ・サッカルジア教会）など幾つかの地に、一二、一三世紀ピサ様式ロマネスクの教会建築が見事に残っている。いずれも、中世、一帯がピサの支配下にあった時代の遺産である。

一方、時代は遥か遡る先史時代の遺跡にも初めて足を運んでみた。

サッサリの北西一一キロ、人里離れた聖所モンテ・ダコッディである。平原の一角にある小高い巨石祭壇の丘。スロープを辿って頂に立つことができる。傍らにメンヒル、大小二つの生贄の台石、謎めく石の大きな半球体が残る。

ここは今なお不可解な遺跡で、地中海世界で例を見ないものという。この日は、ほかにたった一組の見学者がいた。

さて、ここまで来ると、カルロ・フェリーチェ道の終点、北部海岸のポルト・トッレスは間近い。ここは古代ローマ以来北部サルデーニャ最大の港で、中世ピサの勢力下で栄え、現代工業地帯、海水浴場としても賑わっている。

ポルト・トッレスでコルシカ島を隔てる海を見て、サルデーニャ島縦貫の旅は終わった。これまでに、道中の折々この島の閲した各時代の遺産の一端に触れることができた。サルデーニャの文化が、第一に先史時代のヌラーゲ文化、第二に古代フェニキア、ローマ帝国によるものとすれば、第三が中世のピサ様式、その後アラゴンの征服によってまた別の特色を加えたのであった。しかし、今なお謎めく原初サルデーニャらしさがこの島を覆っている。

この旅を終えて、さて、ここでは何を指して異文化というべきか判然としないのも、サルデーニャらしさであろうか。

V　ルネサンス都市

オリジナルのフィレンツェ

トスカーナ

久し振りのフィレンツェである。このところ少しのブランクがあった。古びて趣ある石の街並みも、要所に群がる観光客の喧騒も、すべてが以前と変わらない。私の四半世紀前、ここは全く未知の町だった。それなのに今や古巣に戻った感慨が湧くのも面白い。変わらないことがこの町の価値なのだ。もっとも、四半世紀など、この町二〇〇〇年の歴史ではほんの一瞬だったかもしれない。

あるがままの町

今回は数日間、さしたる当てもなく、この町に滞在することにした。宿は市心の常宿、ストロッツィ宮筋向かいの「エルヴェティア・エ・ブリストル」。徒歩圏内の市中は、ここからなら何処へ行くにも便利が良い。

こうして腰を落ち着けてみると、外に出る気分も以前とは違っている。以前繰り返し訪れた頃は、見所を貪欲に目指し、時間を惜しんで駈け巡った。

何しろルネサンス発祥のフィレンツェである。その歴史地区は世界遺産だ。何処でもクワットロチェント（一四〇〇年代）の実物をふんだんに現している。教会に、宮殿に、美術館に、広場に、通りや街角に至るまで。

ただ、その時のそれらは歴史と伝統を纏ったよそゆきの町、よそ者の目に映る一過性の町ではなかったか。

これに対して今は、ある種の生活感、日常の感覚で暮らす、あるがままの町がそこにある。ブルネレスキの手掛けた大聖堂をはじめ、町の全体が現代の現役の役割を日々果たしている。ルネサンスの絵画も美術史のなかではなく、この町のなかに息づいている。生まれた時から変わらず、わが町のここにあった。描かれた場所に描かれたままの真筆が現存する。

その場所の宗教画

町に出て改めて足を向けたのは、その当時がそのままに残る教会である。

サンタ・マリア・デル・カルミネ教会。右翼廊の最奥ブランカッチ礼拝堂には、マゾリーノ

サンタ・マリア・デル・カルミネ教会　ブランカッチ礼拝堂

とマザッチョによる有名な連作壁画「聖ペテロ伝」がある。当代の絵画を革新したマザッチョの作品は、ほかにサンタ・マリア・ノヴェッラ教会の「聖三位一体」。これは幾変遷の後、現在の左側廊第三アーチの原位置に復帰している。

続いてサンタ・クローチェ教会。後陣に並列するペルッツィ礼拝堂、バルディ礼拝堂に円熟期のジョットの作品群を見る。「洗礼者ヨハネの生涯」や「聖フランチェスコの生涯」など旧知のもの。剝落に味わいがある。

今は美術館となったサン・マルコ修道院は、ベアート・アンジェリコの「受胎告知」はじめ敬虔な息遣いの残る主要作品群で埋められる。

ドメニコ・ギルランダイオの筆跡も多く残る。サンタ・マリア・ノヴェッラ教会トルナブォーニ礼拝堂の「マリアの生涯」など一面の連作壁画。

サンタ・トリニタ教会サッセッティ礼拝堂の「羊飼いの礼拝」やオンニサンティ教会付属修道院食堂の「最後の晩餐」なども。

かの『画家・彫刻家・建築家列伝』（一五五〇年）を著したジョルジョ・ヴァザーリも、自身の画業を大聖堂のドームやヴェッキオ宮の五百人広間に残す。

そのほか、メディチ・リッカルディ宮の礼拝堂に「東方三博士の礼拝」を描いたベノッツォ・ゴッツォーリや当代のフィレンツェを飾った多くの画家たちが、その生きた場所に生きた証を残している。

美術館に入る絵画、彫刻

ルネサンス絵画は、こうして大部分が教会の壁を飾る宗教画である。注文主は教会やその寄進者に限られた。

古典古代の神話など異教の作品は、世俗の権力者の趣味に応えた。ボッティチェリの「春」、「ヴィーナスの誕生」など。その後も数を増す板やカンヴァスのテンペラ画は、容易に移動されその出自が失われやすい。最後には、幸運なものが美術館に入り、展示される。

何といっても、教会の壁に塗り込まれるフレスコ画は建物とともにいつまでも生きる。それにつけても、盛期ルネサンスのレオナルド・ダ・ヴィンチ、ミケランジェロ、ラファエロがフィレンツェの壁面に作品を残さなかったのは残念なことだ。

ただ、フィレンツェを愛したミケランジェロが、町を守る城壁のほか、本業とした彫刻作品を多くフィレンツェに残した。ラウレンツィアーナ図書館やメディチ家礼拝堂新聖具室の墓碑彫刻。ヴェッキオ宮正面のダヴィデ像は、共和国の象徴として、レプリカになっても原位置を保っている。

しかし、多くの場合、建築と離れた彫刻にオリジナルの場所はなく、現状を保つのは難しい。一般の絵画同様、美術館に入ってしまう。

ウフィツィ美術館、バルジェッロ美術館など、フィレンツェには世界に誇る美術館がある。フィレンツェに来る人は、真っ先にそこを訪れるだろう。場所はフィレンツェには違いないが、雰囲気はそれにも増して美術館そのものである。最近の混雑振りには辟易してしまう。

オリジナルのフィレンツェ

今回、フィレンツェの毎日は、オリジナルのルネサンスがオリジナルの空間に残る町なかを改めてゆっくり探訪することだった。

著名な教会にしても、未だ静かな空間を保っていた。大聖堂を除けばツアー客が犇(ひし)めき合うこともない。日常が淡々と巡り、変わらぬ伝統と住民生活の一端に溶け込むことができる。

かくして、ルネサンスは今もこの町で確実に生きている。

そして気付くのは、オリジナルのフィレンツェということだ。ルネサンスの伝統を引くフィレンツェの歴史・文化。その魅力を歴代のフィレンツェ人が保全してきた。その魅力があってこそ、ルネサンスをフィレンツェに訪ねるのだ。京都の場合もそうであろう。単に古い神社仏閣があるのではない。その歴史・文化、町なかの雰囲気にオリジナルの魅力がある。

これからもフィレンツェには観光客が数知れず訪れることだろう。最近日本人は減ったが、今中国人と韓国人が群れる。スタンダールの時代には、ロシア人とイギリス人だった。彼が嘆くには「こうなるとフィレンツェは、自分たちの習慣を持ち込んでくる外国人で一ぱいの単なる美術館だ」（『ローマ・ナポリ・フィレンツェ』（一八二六年））。

しかし、フィレンツェ人はびくともせず、その日常の営みで自らの文化を守り通してきた。その誇りと批評精神、締まり屋の気質は健在である。京都とも似るかもしれない。

古代から見る

最後に、この町で古代ローマに触れることも蛇足ではなかろう。

そもそもルネサンスは、古典古代の再生を図るものだった。当時古代ローマに傾倒し、その直系を自認した都市が、ローマ以上にフィレンツェである。最古の洗礼堂にも「ローマの再生」が銘記され、フィレンツェは「ローマの娘」とも称された。

古代ギリシャ・ローマの思想がフィレンツェで復活した。神の支配から人間の理性へ。ユマニスムが尊ばれた。

芸術の分野では、ブルネレスキやアルベルティが古代建築を学び、ドナテッロやミケランジェロが古代彫刻を研究した。お手本のない絵画も、ボッティチェリのようにユマニストの影響下で古代的主題のヴィーナスを復活させた。

フィレンツェ自身、歴とした古代ローマ都市フローレンティアであった。その面影は、今の都市構造のうえにはっきりした跡を刻んでいる。

現在の共和国広場にフォロがあり、神殿の跡を見る。カルドは今のローマ通り・カリマーラ通り。デクマヌスは今のストロッツィ通り・コルソ通り。碁盤目状の街区も残る。浴場や円形闘技場など主要構造物は失われたが、それでも今なお発掘作業は続く。ヴェッキオ宮の側面ゴンディ通りで、今回円形劇場の発掘現場を見た。

エトルリアから古代ローマ時代、フィレンツェの母市ともいうべきフィエーゾレの丘には、ローマ劇場など（前一世紀）の遺構が現存する。前回ここを訪れたのはいつのことだったか。思い立って来たこの丘の町は、昔の静寂に包まれていた。

美しい広角の自然の中にフィレンツェの市街を俯瞰すると、遠くからその歴史を読み解く現物の絵巻を見るようだ。

マルケ

ウルビーノ、マルケの道

マルケ州のアドリア海からアペニン山脈へ入った丘陵地帯。その一角にウルビーノはある。中部イタリア有数のルネサンス都市だ。

ここを訪れるのは、それほど便利とはいえない。ローマからも、フィレンツェからも遠路アペニン山脈を越えなければならない。しかし、この山越えをあえてしても時に訪れたいのがウルビーノである。

ウルビーノ市街

今回は、フィレンツェからウンブリアを訪ねる機会を捉え、山越えをしてウルビーノの市街に到着した。丘陵のなかに奇跡のように出現した町だ。

開明の君主フェデリーコ・ダ・モンテフェルトロの築いた町である。一五〇七年建造の多角形の稜堡が今もこの町を囲んでいる。二つの丘に跨がり、南東側の丘にドゥカーレ宮殿と大聖堂、北西側の丘にローマ広場、中間の谷間に共和国広場があり、旧市街が連坦する。

ドゥカーレ宮殿　大広間

建物の大半は一五、一六世紀のもの。ローマ時代のウルビーヌム・メタウレンセの痕跡もなければ、中世のロマネスク、ゴシックの痕跡も僅か。ルネサンス時代に出現した街並みが、時が止まったように残るのは稀有のことだ。その歴史地区は、世界遺産。

ドゥカーレ宮殿

最大の記念碑的建造物は、ドゥカーレ宮殿である。ルネサンス期の君主の宮殿の原型となるもの。一四六五年ダルマティアから招かれたルチアーノ・ラウラーナの作。長大な正面の二連窓、柱廊を配した中庭に優美な特徴があり、両翼の塔、小テラスが裏手の谷を見下ろす格好がとても良い。

いずれも宮殿の名にふさわしく、要塞機能を脱却した建築美を見せる。これは同時代の何処の宮殿にも見られないもの。当時ヴァザーリも「驚嘆すべき宮殿」と記していた。

内部を巡った印象の一つは、白亜の大広間である。壁際の暖炉などを明確なアクセントに、高い穹窿（きゅうりゅう）を広げるモノトーンの空間は、垢抜けた現代のセンスに通じている。

フェデリーコは、モンテフェルトロの家系でも傑出し、最も知られる人物だ。その面魂は、ピエロ・デラ・フランチェスカによる肖像画（フィレンツェ、ウフィツィ美術館）で知られる。彼は有能な傭兵隊長として活躍、公国の領土を三倍にした。さらに、ドゥカーレ宮殿を舞台に、折からのルネサンス文化を大きく開花させる。ここに諸国から多数の人文学者、芸術家が集い、ウルビーノの全盛時代が現出した。その宮廷文化は、バルダッサーレ・カスティリオーネの『宮廷人』（一五二八年）に描かれ、今に伝えられる。

ウルビーノの凋落は、当代の梟雄（きゅうゆう）チェーザレ・ボルジアによる占領（一五〇二年）に始まった。そのチェーザレのウルビーノにもレオナルド・ダ・ヴィンチが訪れ、フィレンツェからマキァヴェリが遣わされた。ウルビーノの宮殿には、ルネサンスのビッグネームが交差する。

宮殿は、現在マルケ国立美術館が入り、フェデリーコの居室にはピエロ・デラ・フランチェスカの名作「キリストの笞刑」と「セニガッリアの聖母」が残される。ピエロは活動の大半を南トスカーナのアレッツォとここウルビーノで過ごした。

なお、ピエロの故郷はアペニン山脈の向こう、トスカーナの片田舎サンセポルクロにある。

アペニンを越えるボッカ・トラヴァリア峠は、今回の私の帰り道に当たっている。サンセポルクロについては別に触れることもあろう。

町歩き

ところで、ウルビーノは、ラファエロの生まれ故郷でもある。近郊からブラマンテも出た。ラファエロの生家は、共和国広場からローマ広場へ上る北西の丘の坂道にあった。再び歩いてみると、この坂がこんな急坂だったことに驚く。歳とともに勾配はきつくなるようだ。しかし、この足で歩いてこそこの町が分かるというものだ。

今回のウルビーノは、三回目にして初めて宿泊をした。町歩きには、その町の宿泊が欠かせない。宿は昔はなかった中心部、それもリナシメント広場でドゥカーレ宮殿と向き合うど真ん中にあった。修道院を改装した近代ホテル「サン・ドメニコ」。私の知る四半世紀だけでも、町の観光化は大いに進んだようである。

一方、ホテルに隣合うサン・ドメニコ教会は、大学の教会になっていた。同じ広場の正面にあるモンテフェルトロ家の邸館は、大学館。

この町は一六二六年教皇領になってから衰えるが、イタリア統一後大学と観光の都市として活気を取り戻してきた。そういえば、観光客のいない朝晩もあちこち街路を急ぐ学生たちが多く見られた。

若々しい大学町は、ルネサンスの都に最もふさわしい。

ファブリアーノ

ところで、旅程を溯ると、ウンブリアからウルビーノまでは、途中二、三の寄り道をしてやって来た。

ウンブリアからマルケへのアペニン越えの経路は、普通はフラミニア街道が近道だ。今回はそうはせず回り道して訪れたのが、初めてのファブリアーノだった。

ジェンティーレ・ダ・ファブリアーノ。ルネサンス絵画史のクワットロチェント前半、国際ゴシック様式の大家として知られる画家である。ファブリアーノからフィレンツェにやって来て「東方三博士の礼拝」（一四二三年、ウフィツィ美術館）を残した。その直後マザッチョによる絵画の革新が始まる。

ジェンティーレのその絵は、工芸を思わせる装飾的な衣裳や金色の美しい画面で、初見の記憶に残っていた。ルネサンス前夜の彼の故郷も一目見たいという気持ちが働いた。

ファブリアーノは、中世から製紙業などで栄え、芸術的な気風を備えた町だったという。当時としてやはり先進的な土地柄なのだ。

アペニンの東側斜面を下ると、山々に囲まれてその町はあった。河岸の高台に旧市街があり、意外にも重厚な建造物群が町の風格を醸している。

中心のコムーネ広場は、三連窓、狭間付きのポデスタ館（一三世紀）や市庁舎（一四、一五世紀）、アーチを連ねた長大なサン・フランチェスコ開廊（一七世紀）がこれを囲む。それに司教館（一六世紀）。司教館の背後にはドゥオモ（一四世紀）。その向かいの旧サンタ・マリア・デル・ブォン・ジェズ病院に市立絵画館があった。ジェンティーレの作品は、故郷になかった。一四、一五世紀のファブリアーノ派の絵画がこの美術館に多数所蔵される。

イエージ

ファブリアーノの後は、エジーノ川に沿ってアドリア海へ。海辺に近く視界の開ける丘陵地帯は、マルケのＤＯＣワイン、ヴェルディッキオ（白）の主産地だ。

ここにイエージの町がある。以前の記憶を頼りにこの町へ入った。市街は低い丘の背に細長く発達している。三つの広場が連なり、これを一四世紀の城壁が囲む。歩行者天国の長大なマッテオッティ通りを折り返して歩いた。

一番奥の広場が、ドゥオモのあるフェデリーコ二世広場だ。古代ローマ時代のフォロがあった場所。その名にあるように、ここは一一九四年一二月二六日ホーヘンシュタウフェン朝のフリードリヒ二世が誕生した地だ。母コスタンツァが旅の途次偶然この地で出産した。

神聖ローマ皇帝フリードリヒ二世にしてシチリア王フェデリーコ二世は、一三世紀戦乱の世に、当時最も開明的な宮廷をパレルモに営んだ。多文化交流のなか、口語詩の確立など早咲きのルネサンスといわれる文化的事蹟を残す。

一方、イエージのルネサンス時代は、その二〇〇年後。ルネサンス様式のシニョーリア館（一五世紀）などに痕跡を残している。

セニガッリア

アドリア海に出て、立ち寄った先がセニガッリアである。一三世紀に溯る港町で、一七、一八世紀入港無税の町として栄えた。

ここにルネサンス軍事建築の典型というべきロヴェスカ要塞（一四八〇年）がある。一五〇二年ここで起こったセニガッリア事件は、敵を騙し討ちした冷徹チェーザレ・ボルジアと、彼に期待した史家マキァヴェリの名とともに記憶される。ルネサンス時代が血腥（ちなまぐさ）い混乱の時代であったことも想起される。

郊外のサンタ・マリア・デレ・グラツィエ教会（一四九一年）。ここにペルジーノの「聖母と諸聖人」がある。ウルビーノで見たピエロ・デラ・フランチェスカの「セニガッリアの聖母」も元はここにあった。

セニガッリアからは、ファーノを経て冒頭のウルビーノに至ったのが、今回の旅程である。

こうして迂回した山と海の行路も、ウンブリアからウルビーノまで一日のうちに完走することができた。思うに、昔は足と馬で移動した国際交通の距離が、今は便利な国内交通で無闇に圧縮され、時間の流れまで狂わされているようだ。

ルネサンスは五〇〇年前、その先に一〇〇〇年の中世、さらに一〇〇〇年のローマ時代がある。カエサルの昔、この地はルビコン川に近いローマの辺境（マルケ）であった。その名を継ぐマルケ州が、ルネサンス期、その代表的な事蹟や逸話を後世に残したのだった。

車や飛行機が空間を圧縮することがあっても、歴史感覚は謙虚に保ちたいものだ。

フェッラーラ今昔

エミリア・ロマーニャ、ヴェネト

エミリア・ロマーニャ地方には、エミリア街道沿いにボローニャ、モデナ、レッジョなど古く魅力的な都市が多いが、東北隅のフェッラーラには他の都市と一味違う特徴がある。一味違う遺産を後世に残した。

フェッラーラとエステ家

フェッラーラは、一三〜一六世紀、領主のエステ家の下で栄えた。もともとエミリア地方の都市として唯一つ古代を知らず、中世初期ビザンティン帝国の城塞として誕生した新しい町だ。カノッサによる支配の後、教皇派の一族に加担して登場したのがエステ家だった。

エステ家は一二四〇年以降町の実権を握り、古代ローマ起源のモデナやレッジョも併合する。一三三二年には教皇の叙任権を受け、エステ家の領主制は定着した。その支配下で経済的発展と後世に残る芸術の全盛期を迎えたのだった。

エステ家の君主の周りにはフェッラーラ派の画家が集うほか、ピエロ・デラ・フランチェスカカ、ロヒール・ファン・デル・ウェイデンら当代の芸術家が訪れ、アリオストやタッソらも詩作と宮仕えに滞在した。

市域も拡大、整備された。史家ヤコプ・ブルクハルトによれば、フェッラーラはヨーロッパで最初の「近代都市」となった。

今回、フェッラーラには北からヴェネト州を経由する道順をとった。そして途中、エステの町に立ち寄ってみた。エステ家の出身地である。エステの名はこの地名に由来する。

現在のエステは、小高い丘にかけてカッラーラ人の城があり、一七、一八世紀ヴェネツィア人が建てた邸館や教会が見られる。今やエステ家の影はなかった。

なお、エステに近く小村アルクアがあり、ここにルネサンスの大詩人ペトラルカが没し、その墓がある。

フェッラーラ市街

さて、いよいよフェッラーラへ。

先ずは中心部の大聖堂前に入った。中世の巨大な建築物で、一二世紀起源のロマネスク様式。正面（一三世紀）は大理石の三尖塔式、ゴシック様式の小開廊が数層走っている。古典様式の鐘樓（一五、一六世紀）は、レオン・バッティスタ・アルベルティの作。面白いのは、小開廊の続く右側面がそっくり商店街になっていることだ。

大聖堂（右側面・商店街）と市庁舎

大聖堂に向かい合うのが市庁舎。元はエステ家の館（一三世紀）で、これにもアルベルティの手が入っている。

市庁舎の先にはエステ家の城（一四～一六世紀）が大きく聳える。堀の水面がこれを囲む。大聖堂の界隈には、今も昔ながらの雰囲気が漂っている。

フェッラーラの観光といえば、普通これらの場所に加えエステ家の遺産の白眉スキファノイア宮殿に尽くされる。しかし、今回はもう少しこの都市の形成のあらましを見ておきたい。

大聖堂広場から時計塔を潜った南側に、初期の狭い市街があった。ヴォルテ通りは家と家を結ぶ屋根付き陸橋に由来する通りで、中世を今に残す。陸橋はポー川の左岸だった今のカルロ・マイエル通りの家に架けられたもの。当時はここをポー川が流れていた。

ニッコロ二世の一三八五年、城の建設と同時に町の第一次拡張が行われる。西方へ、現在のヴォルタパレット通り・サヴォナローラ通りを町の中心線とした。この区域にスキファノイア宮殿が位置する。

ボルソ公による第二次拡張は一四五一年。南西に現在の九月二〇日通り周辺のポー川跡地を含むもの。この区域にルドヴィコ・イル・モーロ館が位置する。

一四九二年、エルコレ一世が本格的なルネサンス都市を目指し、第三次拡張に着手する。城の東西を走るカヴール通り・ジョヴェッカ大通りの軸線から北部一帯を開発、市域を倍増させるもの。城から北へ延びるエルコレ一世大通りと、中間で直交するロッセッティ大通り、ポルタ・マーレ大通りの十字路にディアマンテ館が位置する。

黄金時代

こうした市域の拡張とともにフェッラーラの勢威も上がり、芸術の都として成熟する。ボルソ公の時代、文化の一大黄金期を迎え、エルコレ一世の時代、最高潮に達してなお一世紀これが継続する。

これらを如実に物語る最大の遺産がスキファノイア宮殿であろう。一四世紀に着工、エステ家お抱えの建築家ビアージョ・ロッセッティが完成した。現在は市立美術館。

有名な月暦の間は、「ボルソ・デステの生涯と月暦の寓意」で飾られる。コズメ・トゥーラの構想の下、フランチェスコ・デル・コッサやエルコレ・デ・ロベルティら一五世紀後半のフェッラーラ派画家の手になるもの。月暦の寓意は、何度見ても難解で不思議な魅力を感じさせる。フレスコ画で飾られていた煉瓦造りの建物正面も古び、独特の雰囲気がこの宮殿を包む。

次に、ルドヴィコ・イル・モーロ館（一五世紀末）は、ベアトリーチェ・デステが嫁いだミラノ、スフォルツァ家の当主の名に因むもの。これもロッセッティの作。国立考古学博物館が入っている。

また、ディアマンテ館（一五、一六世紀）は、外壁を覆う切り石積みをダイヤモンドに見立てたもの。これまたロッセッティの作。国立絵画館が入る。ここは今回初めて訪れた。

こうしてフェッラーラのルネサンスは、エステ家による市域拡大とともに、点在分布するこうした建物群に代表される。ブルクハルトの「近代都市」は、新しい都市造りに贈られた讃辞である。このルネサンス期の市街が、現在世界遺産に登録される。

人物二題

ところで、中心部に戻ると、市庁舎と城を隔てる小広場に一体の立像を見る。あのサヴォナローラである。あの精悍な顔で広場を睥睨（へいげい）する。

彼はフェッラーラに生まれ、厳格なドメニコ会士として一時フィレンツェに君臨、聖俗の虚飾を糾弾した。フィレンツェ・ルネサンスのクワットロチェント。その世紀末に焚刑となり、シニョーリア広場にそのランドマークを残す。

ルネサンスに反動の一撃を加えたサヴォナローラが、その生地と檜舞台にした二つの都市でかくも違ったモニュメントを残していた。

しかし、フェッラーラのルネサンスを語る傍ら忘れられない人物は、むしろイザベラ・デステであろう。

エステ家から隣国マントヴァのゴンザーガ家に嫁ぎ（一四九〇年）、その知性と才能をもって広く文芸を擁護、ルネサンスの歴史に名を残した。

マントヴァという小国が、教皇庁や周辺大国に互して公国の地位を保ったのも、奇跡のように感じられる。レオナルド・ダ・ヴィンチの描く彼女の横顔からは、現実主義と強靱な意志がはっきり見て取れる。

ブルクハルトも、マントヴァを模範的な君侯国と賞讃した。しかし、歴史は転回し、フェッラーラもマントヴァも、やがて凋落の道を辿る。ハプスブルク家のオーストリア支配が北イタリア一帯を覆うことになった。フェッラーラは、一五九八年最後の公爵がモデナに隠遁し、エステ家は断絶する。

現在、イタリアでエステ家の名を残すのは「ヴィラ・デステ」。ティヴォリに、コモ湖に、人気のヴィラは一六世紀エステ家の優雅なレガシーなのだ。

風土に遊ぶ

トスカーナの丘　農場の道（102 ページ）

Ⅵ　田園

文化遺産の風景

トスカーナ

何処までも続く緩やかな丘陵地帯。それを耕して一面の緑、あるいは黄金色の大地が伸びやかにうねる。点在する農家と稜線の糸杉がそこにアクセントを添え、詩情を誘う。トスカーナの田園風景である。

オルチャ渓谷

代表的な地域はオルチャ渓谷。渓谷といっても丘陵地帯の裾を縫う穏やかな河川の流域で、かなりの広がりを持っている。ここが二〇〇四年世界遺産（文化遺産）に登録された。

これが自然遺産でなく文化遺産であるゆえんは、その評価基準にある。それは「歴史上の重要な段階を物語る建築物……景観を代表する顕著な見本である」、「顕著な普遍的価値を有する出来事、生きた伝統……と直接または実質的関連がある」こと。

オルチャ渓谷の景観は、人間の手で作り出されたこと、即ちトスカーナの折半小作制のもと、丘陵地は隅々まで耕され農業生産力が飛躍的に高められた成果を表している。

そのことはさておき、四季折々この地域を訪れるたびに、作付けの段階に応じて丘陵は表情を変え、その美しさに癒やされる。

点在する町

ローマからフィレンツェに北上するカッシア街道（国道三号線）でトスカーナに入ったとする。道がオルチャ川を横切る付近でサン・クィリコ・ドルチャの町に至る。

この町は、オルチャ川と支流のアッソ川に挟まれた高台の、古い居住地である。オルチャ川が発するアミアータ山（標高一七三八メートル、シエナ県・グロッセート県境）がここから美しく望まれる。オルチャ川はこの下流でグロッセートへ南流するオンブローネ川に合流する。

サン・クィリコ・ドルチャは、オルチャ渓谷への入口の町といってよいだろう。幹線道路（国道一四六号線）がここから東へピエンツァ、モンテプルチャーノを経てキアンチャーノ・テルメへ通じている。西方少しの距離にはモンタルチーノ。

これらの町はオルチャ渓谷の核心となる町で、地域の歴史、文化を集積している。教皇ピウ

サン・クィリコ・ドルチャ付近　沿道の風景

ス二世ゆかりのピエンツァは世界遺産の町だ。

これらを結ぶ幹線道路そのものが景勝道路になっている。通過するだけの旅人の目も十分楽しませてくれる。しかし、この地域をカバーする道路網は生活道を加えて四通八達する。この細道を縦横に巡ってこそオルチャ渓谷の真髄に触れることとなろう。

モンテ・オリヴェート・マッジョーレ

今回は県都シエナを拠点に、この田園地帯へ分け入ってみよう。

シエナからだとカッシア街道を南下、オンブローネ川水系の上流部を下る。町を出ると直ぐ長閑(のどか)な田園風景が開ける。ブォンコンヴェントからいよいよ田舎道へ乗り入れることにした。

道は丘陵を登り、人里離れた山地の様相に移行する頃、現れたのはモンテ・オリヴェート・マッジョーレ大修道院である。

糸杉が密生し、深い谷間を見下ろす尾根に大修道院が展開する。一四世紀創建のベネディクト派。中庭を囲む大回廊とそれを飾る一連のフレスコ画が見事だ。「聖ベネディクトゥスの生涯」（ルカ・シニョレッリとソードマ、一五、一六世紀）のルネサンス絵画。

売店では修道院の生産物が多数並ぶ。蜂蜜は一キロもある大瓶を求めた。

大修道院から道は同じ水系の上流アシアーノに抜けるが、分岐してオルチャ川水系のアッソ川へ向かうことにする。サン・ジョヴァンニ・ダッソを目指す。

この道中では一ヶ所、思いがけぬ画面に出くわすことがあった。それは開けた丘の道で、前方に高く一本の糸杉が傍らの灌木と一対の妙を演出している地点。実は二〇年前私自身がこの写真を撮り、前著「イタリア再発見」（二〇〇四年）の表紙に使っていた。

オルチャ渓谷の風景を偶然切り取った写真の実物が、過去から抜け出してきた不思議な感覚。昔の自分自身と再会したような僥倖（ぎょうこう）。気儘な旅の余禄である。

隠れたる村

サン・ジョヴァンニ・ダッソからは、アッソ川を少し下りまた丘を登ってルチニャーノ・ダッソに向かう。ここは幹線はおろか支線も外れた孤立集落で、そこにだけ通じる細道が通っている。でこぼこの砂利道が砂煙を上げる。

左右にはあまり人が見ない新鮮な風景が広がる。丘の斜面に緑一色の牧草地もあれば、黄色の花をつけた採草地が反対の丘を埋める。稜線に建つ農家へは、点々糸杉の列が導く。まるで絵のような風景だ。

他方、急傾斜の丘の側面が浸蝕され、そこだけ荒々しい地肌を曝す谷間もある。

ルチニャーノ・ダッソは、とある丘陵の背で四方を広く山波に囲まれていた。ここにはミシュラン・ガイドにも載る「ボルゴ・ルチニャネッロ・バンディーニ」なる宿が一つ。隠れ家で田園生活を満喫したい人が訪れるのだろう。

集落の外れで道は左右に分かれる。そこには小さな祠（さしずめ道祖神）とそれを守る糸杉の大木が立つ。人の足を止める魅力的な風景だ。

これより地図にはないその一方の道を延々と辿った。丘を巻きあるいは乗り越えて、漸くピエンツァに近い幹線に出た。

ピエンツァは今回素通りする。向かったのはモンテプルチャーノに至る中間の丘陵地帯。ここにも四方から孤立したモンティッキエッロの村。

ピエンツァからこの村への道は、美しいオルチャ渓谷にあって最も魅力的なルートの一つであろう。小高い丘を登り詰めると、村の入口のアーチが待ち受ける。

その門に付属するのがレストラン「ラ・ポルタ」。路地を入った同系の店で昼食をとった。

トスカーナ産サルーメの盛り合わせ、ピエンツァのペコリーノとパスタ。

村からの眺めは抜群。ピエンツァも目の高さに遠望された。

モンテプルチャーノ

ここからは四方に道が下り、その一つがモンテプルチャーノに通ずる。モンテプルチャーノの丘はオルチャ渓谷の東境にあり、その先はアルノ川水系、支流のキアーナ谷に臨む。

この町は、ピエンツァと同じくルネサンスの香り高い町だ。当時の建造物が多く残り、時代の雰囲気を今も色濃く残している。ルネサンスの詩人ポリツィアーノもここから出た。

高台のグランデ広場。ドゥオモ正面の粗削りの煉瓦壁は当時から未完のまま。市庁舎はフィレンツェのヴェッキオ宮に似る。開廊を備えたノービリ・タルージ館も格調を見せる。同じくルネサンス様式のコントゥッチ館には、銘醸ヴィーノ・ノービレ・ディ・モンテプルチャーノの古い酒蔵。

丘の麓に建つサン・ビアージョ教会はアントニオ・ダ・サンガッロ・イル・ヴェッキオの作。ルネサンス教会建築の白眉だ。

かねてモンテプルチャーノは懐しさを誘う町である。垢抜けたピエンツァより土着の風趣がある。この町の第一印象がその後も足をここへ導く。

シエナへの帰途、国道一四六号線がピエンツァを過ぎた頃、丘陵地のなかにマドンナ・デイ・ヴィータ・レータの御堂が一つ。糸杉に囲まれて夕景に静まる様は、この空と大地を鎮めるかのようだ。

サン・クィリコ・ドルチャを過ぎると、夕空を背景に全山麦畑の稜線を一叢（ひとむら）の糸杉が飾っていた。「コロナ・ディ・オルチャ」の名画面だ。

夜の帷（とばり）が降りる頃、シエナ着。

今日は行く先々、美しい自然に人工の句読点を施した先人の跡を訪ねた。自然景観を文化遺産と心得る旅の一日であった。

フリウリの過ぎし道

フリウリ・ヴェネツィア・ジュリア

フリウリ、といっても、一般にあまり知られないであろう。そこはイタリアの北東、アドリア海の最奥部に開けた僻遠の地方である。内陸はヨーロッパ・アルプスの東端で画され、北はオーストリア、東はスロヴェニアと国境を接する。

フリウリの来歴

この地方にも古い歴史がある。前二、一世紀にはローマ化され、アウグストゥスの第一〇行政区「ヴェネティア・ヒストリア」に属した。首都はローマ植民地で港のあるアクィレイア（前一八一年）。

フリウリの名は、ユリウス・カエサルの建設した「フォルム・ユーリイ」（ユリウスの広場）から出たという。これは現チヴィダーレ・デル・フリウリの古名である。帝政末期（五六八年）侵入したランゴバルド族は、ここに最初の公国を建てた。

中世には、アクィレイアの総主教管区、その後（一四二〇年〜）ヴェネツィア領となるが、ナポレオン戦争とウィーン条約（一八一五年）を経てオーストリア領へ。イタリアに統一されたのは一八六六年のことである。

現在はフリウリ・ヴェネツィア・ジュリア特別自治州（州都トリエステ）に属する。なお、ヴェネツィア・ジュリアは、早くからオーストリア支配の及んだ地域（ビザンティン支配の長かったトリエステやドイツ封建領主の支配下にあったゴリッツィア）で、イタリア統一にも後れて加わった（一九一八年）。同じく後れて加わったイストリアは、第二次大戦後大部分ユーゴスラヴィア（現スロヴェニア、クロアチア）領になっている。

フリウリの旅は、普通トリエステが起点となるだろう。トリエステにはローマ都市に始まる古い歴史があるが、何よりハプスブルク家がヴェネツィアに対抗してここを立派な商業、港湾都市に整備した。オーストリア色の濃い美しい街並みを残す。

私の場合、今回は違って、宿泊地を元々のフリウリの古都チヴィダーレに定めて旅をした。

チヴィダーレ・デル・フリウリ

チヴィダーレは、フリウリの奥部、ユーリアン・アルプス（アルペース・ユーリアエ）の末端に位置する。古名「フォルム・ユーリイ」は今でもこの町の代名詞だ。

アクィレイアがフン族に破壊された時、代わって第一〇州の行政中心地にもなった。中世アクィレイアの総主教座が一時ここに移されたこともあった。その後は、フリウリの他の町と同

ドゥオモと市庁舎、カエサル像

様ヴェネツィア支配下の痕跡を多く留めている。

しかし、この町の最も重要な記憶は、古くイタリアに最初の足跡を印したランゴバルド族にあるだろう。

今、町の中心ドゥオモ広場に立つと、ここがローマ時代のフォロ・ロマーノ跡。その一辺は現ドゥオモの左側面。ドゥオモは一四五七年ヴェネト・ゴシック様式で建設された（一六世紀ルネサンス様式に改造）。

広場の奥は旧ヴェネツィア共和国地方施政官邸（現国立考古学博物館）。広場の手前には市庁舎（一四世紀、ゴシック様式）。ここにユリウス・カエサルの像が立つ。この像は、カンピドリオのローマ市庁舎にあるカエサル像（前一世紀）の複製である。

そのドゥオモ広場から裏手のナティゾーネ川に

下り、ランゴバルドのテンピエット（小神殿）を訪れる。

悪魔の橋が高く架かる岩だらけの河岸。そこに張り出すように小神殿（八、九世紀）は建つ。サンタ・マリア・イン・ヴァッレ祈禱堂とも呼ばれ、高いクロス・ヴォールトの四角形の会堂に、後陣部分が付く。後世のフレスコ画も。

この小神殿とランゴバルドの副葬品（国立考古学博物館）などから、チヴィダーレはブレーシャやベネヴェントと並び世界遺産「ランゴバルド族権勢の跡」の町となった。

チヴィダーレの宿は、中心街から車で一〇分ほどの小高い丘の上。元は修道院だったという「ロカンダ・アル・カステッロ」。

狭間のある煉瓦建ての本館、ロビーや客室は古色を帯び、家族のスタッフも田舎らしい温りを留めている。その一方、当世風に明るい会議場やリラックス設備も整える。何よりも眺望が良かった。

足元の山間にチヴィダーレの町が纏まって見下ろされる。背後には東方へ続くプレ・アルプスの山波。その向こう、ランゴバルド族が越えたプレディル峠の実在も脳裡に映された。

一方、西方には大きく開けたフリウリの平野。視界の果てには、ドロミティに発する大河タリアメント川が南方のアドリア海を目指す。その間の野を、大空の雲が野に影を落としながら流れていく。

明日からは気の向くまま、この野に点在する町や村を何処か訪ね歩くのだ。

グラディスカ・ディゾンツォ

そして、翌朝、ここから直に南下して向かった先はグラディスカ・ディゾンツォの町。天候にも恵まれ、四月の初々しい自然の田舎道を行く。枝を伸ばし始めたぶどう畑、気持ち良く広がる麦畑。桜に似たコルノの紅い花、藤の花などが点々目を引く。コッリオの銘柄ぶどうで知られるコルモンスを過ぎると、間もなくグラディスカだ。

この町は、イゾンツォ川の右岸に築かれた「要塞化された土地」（地名はここから、スロヴェニア語起源）である。古い旧市街が、断続する城壁や門、六基の塔に囲まれ、それに城跡が隣接する。旧市街は一五世紀ヴェネツィア人が築き、一六世紀以降ハプスブルク家の手で改造された。「イタリアの最も美しい村」の一つ。

ここに、ドゥオモのサンティ・ピエトロ・エ・パオロ教会をはじめ四つの教会、礼拝堂やトリアーニ館など名のある幾つもの邸館を見る。街路も整然と意外に広く、オーストリアの痕跡が顕著なのもこの土地の歴史である。

旧市街の入口に当たる町の広場には、大きな劇場が建ち、高い円柱の頂で独りヴェネツィアの有翼の獅子がもう一つの歴史を語っていた。

歴史は細部に宿っている。

パルマノーヴァ

次いで向かったのは西方、世界遺産の町パルマノーヴァである。

グラディスカの陥落（一五二一年）を受け、ヴェネツィアが対オーストリア、対トルコ東方防衛上、一五九三年新たに建設した町だ。世界遺産としては、「一六、一七世紀ヴェネツィア共和国建造の軍事防御施設」としてベルガモなどと並び登録された。

全くの更地に出現した完全多角形星型の町である。中心広場は六角形、外周は濠を廻らせた九角形、そこに内外九ヶ所の砦が配置される。門は三ヶ所のみ（北東チヴィダーレ門、北西ウーディネ門、南アクィレイア門）。

アクィレイア門からこの町に入った。記念的建造物の門（一六〇二年）は、砦の土塁に囲まれている。中心のグランデ広場までは一直線。

広場は広大で、北辺にドゥオモ（一六〇二年）が聳え、六辺のそれぞれから道路が延びる。その基点にはそれぞれヴェネツィア共和国地方施政官の彫像（一八世紀）が立つ。それを除けばホテルやレストランもある普通の町である。広場のバールで暫く休憩した。

さて、ここから先はルートが二つ。どちらかを選ぶことになる。一つはアクィレイア門を出てそのまま南下、アクィレイアとグラードを訪ねる道。時代的には古代へ溯るルートだ。もう一つはこのまま西へ、ヴェネツィアゆかりのフリウリを辿る道。ヴェネツィアが次第に衰え消えゆく歴史を下るルートだ。

足は自ずから第二のルートへ。私にとって初めての道となる。

パッサリアーノ

そこで向かったのはパッサリアーノの地。ここにヴェネツィア共和国最後の総督ルドヴィコ・マニンの別荘がある。一七九七年、共和国の終焉を宣言するカンポフォルミオ講和の時期、勝者ナポレオンがここに滞在した。

マニン荘は一六世紀の建築。一七、一八世紀建て増しされ壮大な規模を誇る。本館は四階建てに屋上階が付き、広大な前庭の左右に両翼の別館。門と道路を隔てた前面では、さらに大きな広場を左右対称のエクセドラが湾曲状に囲む。

ここは現在ヴェネト州芸術作品目録センターとなり、修復の研究教育機関も置かれている。催事会場としても使われるらしい。一部公開されている広間、礼拝堂やナポレオンの武器庫などを見た。

フリウリの野には、一五～一八世紀君臨したヴェネツィアの痕跡が多く残る。ウーディネやポルデノーネのほかにも訪れる町という町に、ヴェネトの雰囲気がそこはかとなく漂う。

ポルトグルアロ

最後に、フリウリと接するヴェネト州にほんの一歩足を踏み入れてみた。

そこは、ヴェネツィアに似せて造られたともいわれるポルトグルアロ。海から二〇キロの内陸にありながら、レメネ川の河港で一七世紀末まで港町として栄えた。

共和国広場に面するロッジャ・コムナーレ（現市役所）は一四〜一六世紀のゴシック建築。狭間を備えたファサードに外階段が付く。正面の井戸には、町のシンボルである鶴二羽の優美なブロンズ像。それらを眺めながらカフェで軽食をとった。

広場の正面を横切るのが、目抜きのマルティーリ・デラ・リベルタ通り。そこには隣接のドゥオモをはじめヴェネツィア様式の美しい邸館が建ち並ぶ。アーケードの結ぶ落ち着いた通りは、サン・ゴッタルド門（一六世紀再建）で終わる。ここに内陸にあるヴェネツィア風都市の典型が見られた。

レメネ川の水面を挟むセミナリオ通りに、国立コンコルディア博物館がある。ここから南二キロにあるローマ遺跡コンコルディア・サジッタリアの出土品をここが収蔵する。フリウリ方面のローマ遺跡は、トリエステとアクィレイアを除けばこの地にしか見られない。

かくして今日は、東端のチヴィダーレから西端のヴェネト州境まで、フリウリの野を横断してきた。この大空の下に紛れもなく刻まれた長い歴史があり、今日もまた目の前に時が刻まれていくことを実感する一日であった。

南国奇想郷

プーリア

イタリアの東南端プーリアの地は、ローマからのアッピア街道がアドリア海岸でブリンディシに達し、古来東方への窓口を務めた。十字軍の往来、ノルマン人の渡来など、歴史の一時期、一場面をも盛り上げた。

しかし、その後遠隔の外来王朝の支配下で開発、発展は後れ、歴史の表舞台から取り残された。土地が開け、農業生産力が上がり、工業の拠点が出現したのはイタリア統一後のことだ。

陽光の南国

近年の観光ブームでは、陽光の南国でアルベロベッロやレッチェなど、日陰の歴史が築いた奇想ともいえる街造りが人気を集めている。

また、開発が後れた半面、澄み切った空気と田園風景、人々のおおらかさが来訪客を引き付ける。何の目的もなく、何回訪れても、ここではその都度の好奇心と心休まる安息感を満たすことができる。

白一色の旧市街の路地

このような町と田園を巡る今回の旅では、何処を拠点にするのか少し悩ましいものがあった。町の触れ合いを狙うなら町なかに、田園を楽しむなら農場か海辺、さらに行動を広げるには交通の要所、というのが宿泊地の条件だ。そして予定の三泊を一ヶ所で。

一方、ここの町なかは狭い路地や歩行者専用のためアプローチが悪く、町なかや田園を問わず季節営業だったりもする。これも制約条件。

結局はオストゥーニ、それも旧市街に接する新市街のホテルを選び投宿したのだった。

オストゥーニ、白い町

さて、オストゥーニの旧市街へは、新市街との境界にあるリベルタ広場から上り始める。一つの丘を埋める町全体が縦横の路地、袋小路の迷路で、頂上に異国風の大聖堂が建つ。

何より際立つ特徴は、家という家がすべて石灰で塗り込められ、文字通り「白い町」であること。遠目にも、その高く真っ白な姿は直ぐオストゥーニと知れる。町の標識にも「オストゥーニ、チッタ・ビアンカ」とある。

ここはアドリア海から僅か七キロの丘の上。外敵の侵入に備え防衛都市として築かれて一〇〇〇年を経た。

これまでによくその原型を保つ。町の人に聞くと、町の規則で家を白く塗るのが各戸の義務、皆それぞれに自分で壁を塗るのだという。それには生石灰の塊を水に溶かし、自然に発熱、溶解させたものを使う。生石灰は車で運んできて街頭で量り売りがあるというのも面白い。

さて、オストゥーニの滞在では、楽しみの一つはこの土地の料理にある。お目当てのレストランが休みなので、近くで評判の良い「アル・ソリト・ポスト」へ。

店内は地元客で満席。魚料理が専門で。カルパッチョから焼き魚、揚げ物とすべての皿に満足した。ガイドブックにはない優れた店が南イタリアに多い。

オストゥーニからは西方に、チステルニーノ、ロコロトンドと、同様の白い町が続く。同様に根気よく塗り固められ、いつ来ても新鮮な白一色を見せる。狭い路地を辿るたび、この白の世界に幻惑される。

片やマルティナ・フランカの町は、後世免税都市として発展。バロック様式の建物で知られる大きな町になった。

こうした町は、いずれもアドリア海に沿う二〇〇～四〇〇メートル級の丘の上に発達し、四囲の眺望に恵まれる。防衛上の立地に違いないが、丘の麓から海までは、今平和なオリーヴ畑が陽に輝く。

アルベロベッロ

ここレ・ムルジェの丘陵一帯は、乾いた石灰岩地帯である。土から掘り出された岩石が畑の境界垣に積まれている（ムーリ・ア・セッコ）。オリーヴの林の合い間に牛の放牧も見える。野に立つ円錐形の家トゥルリも現れる。

アルベロベッロは、プーリアというより南イタリア随一の観光スポットになった。とんがり屋根のトゥルリが密集するお伽話（とぎばなし）の奇観は、この町を措いて他所にない。稀少な世界遺産。町にはトゥルリのホテルもあり、かつてそこに滞在して町を歩いた思い出が蘇る。町の佇まいは変わるものではないが、道筋は以前より垢抜けしたように見える。土産物屋や飲食店が増えた。町外れには緑地や駐車場が整備された。

今日も世界各国からの観光客が、このお伽の国を賑わせている。

レッチェ

拠点としたオストゥーニからはさらに南へ、サレント半島にも足を伸ばした。地図に見る長靴の踵である。地先のアドリア海もここでイオニア海へ移行する。ここからは海を隔て、バルカン半島が至近の距離となり、肉眼でその山々が望まれる。

旧ユーゴスラヴィアの紛争で難民が押し寄せたのもこの海岸であった。コソヴォ難民もいた。溯ればオスマン・トルコから逃れたアルバニア人が入り、村を営む例も少なくない。

渡来する民族は古来絶えない。イオニア海からその先にギリシャ人の植民都市が栄えたのは紀元前のこと。中世にはサラセン人やトルコ人が侵略者としてやって来た。

この地の先住民族メッサピア人でさえ、元を糺せばバルカン半島から来たとの説もある。

サレントは、ほぼ昔のメッサピアに当たる。中心地のレッチェは、「バロックのフィレンツェ」と称されるように、一七世紀以降華やかなバロック芸術の町に発展した。

建築や彫刻に見る絢爛たる造形、繊細な装飾は人を驚かせ、「奇想の嵐」とも形容された。

サンタ・クローチェ教会やドゥオモ広場、パルミエーリ通りの建築群を再び巡った。またサントロンツォ広場の円形闘技場、コロンナ・ロマーナ（アッピア街道の終点ブリンディシにあった円柱の一本）の古代遺跡など。

それに加え、今回は普通の街角、市民公園にも足を向けた。城壁に囲まれた旧市街は軽く徒歩圏内。地図を片手に巡ってみた。

地図は観光案内所で貰った一枚の市街図。そのなかで、思いがけずサレントにおけるユダヤ人の歴史について記事があった。レッチェともう一ヶ所の博物館で、ローマ時代の最初のディアスポラ（ユダヤ人の離散）から第二次大戦まで二〇〇〇年の記録が見られる。

マンドゥリア

ユダヤ人の足跡は、こんな僻地のサレント各地まで及んでいた。私の体験では、レッチェからタラントへの途上にあるマンドゥリアで、ゲットー（ユダヤ人居住区）を見たことだ。

レッチェからの帰途、マンドゥリアを再び経由することにした。

町のドゥオモ、参事会教会は、最も古い地区にやや寂れたロマネスクの姿をそのまま保っていた。ゲットーはその真ん前の狭苦しい街区に変わらぬ姿を見せる。教会を取り巻く同様のレトロな路地を暫く散策した。

マンドゥリアにはもう一ヶ所、ムーラ・メッサピカの遺跡があった。先住民メッサピア人は、侵入するギリシャ人やローマ人、カルタゴのハンニバルともここで戦ったのであろう。遺跡の発掘は広範囲になお進められていた。

周辺は広大な原野。そして何処までも続くオリーヴ畑、一直線の道。見渡す限りフラットなこの地にも、歴史の古層が潜み、内外の人の運命が堆積する。

Ⅶ　「美しい村」リグリア編

花のリヴィエラ

リグリア

サン・レモ。

光に満ちた海岸の遊歩道と瀟洒なヴィラを連ねた町。カジノがあることも知られる。温暖な気候に恵まれ、背の高い椰子や亜熱帯植物が別天地を彩る。

別荘を持たない滞在客には、由緒あるホテル「ローヤル」がある。一段高い地盤のホテルからは、テラスの先に海と水平線の広がりが大きく一望される。テラスのテーブルにはレストランとバールの客が繰り出して賑わう。その時の都合からいつでも、ここで食事を済ませることも便利だった。

私のホテル滞在は朝夕が中心で、昼間は周辺の村を巡るのを日課とした。

花のリヴィエラ

サン・レモ周辺からフランス国境にかけての海岸は「花のリヴィエラ」と呼ばれる。四季を通して花の栽培が盛んである。後背地の山腹は温室で埋め尽くされる。

海辺のイメージのリヴィエラで、山が大きな存在であることを今回の滞在で知ることになった。それは後背地の山腹ばかりではない。そこが花卉の産地であるばかりではない。内陸奥深くまで人が住み、中世、いや古代からの人の営みを残していることだ。

それは古代ローマに始まり、ランゴバルドやフランク族の侵入、侯爵領や伯爵領の成立、ジェノヴァ共和国の支配など歴史の堆積を色濃く映すもの。

しかし、この一帯は地理的にもアルプス山脈に続くリグリア・アルプスの僻地である。塩の道の交易路もローカルなもの。サヴォイア家によるイタリア統一の大筋からも外れていた。

陽の目を見たのは、一九世紀後半からイギリス人が訪れ始め、国際的な保養地として発展した近年のこと。それも海岸部の話である。山間部には中世そのままを残す僻村が長く存続することになった。

サン・レモにしても、背後の山肌にへばり付いた僻村ピーニャ地区を旧市街に残し、ハイカラな街並みを海岸に新営したものだ。

「美しい村」、セボルガ

中世の僻村は、その幾つかが今「イタリアの最も美しい村」として登録され、歴史上初めて注目を浴びることになった。

「美しい村」運動は、一九八二年フランスに始まり、イタリアでも二〇〇一年に組織が発足した。地方の村の保全と活性化を目的にふさわしい条件の村を登録するもの。村々はその誇りとし後世に伝えるべき伝統文化や生活様式を守り、発信する。

さて、この日、サン・レモを発って西へ向かう。ネーロ岬からオスペダレッティ、ボルディゲーラと海岸線の保養地を行く。そこからいよいよ山間部を目指し北上した。

直ちに狭い山道に入り、先ず目指すのはセボルガの村。標高五一七メートル、これを二〇分余で一気に登り詰める。車道の行き着いた頂上の広場は、最近整備されたらしく駐車場やイベント会場といった所。

村の内部へは、塔屋のある入口から山腹部を辿る。入り組んだ村落は、石造りの家々が犇めき、路地は忽ち迷路になった。それでも幹線と思える路地を辿るとリベルタ広場、サン・マルティーノ広場などに導かれる。広場といっても狭い閉鎖的な空間で、仰ぎ見る空は小さい。サン・マルティーノ広場には、公爵の館や役場などが建ち並び、これが村の中心部であることが知れた。

セボルガ古公国中心部サン・マルティーノ広場　公爵の館など

この村は最近「美しい村」の一つに登録されたが、それ以前からそれ以上の大きな話題があった。それは村が独立国宣言をしたことだ。

一九六三年のこと、この村は村民投票によりセボルガ公国として独立を宣言、国の憲法を制定した。そもそも建国は九五四年、ヨハネ騎士団の由緒をもって神聖ローマ皇帝から公国として認められた。また、一八六一年のイタリア統一に当たって編入の記録がないことも独立国の根拠だという。

国土面積一五平方キロ、人口三二〇人、国章と国旗には「アンティコ・プリンチパート・ディ・セボルガ」（セボルガ古公国）と記される。

国章、国旗は、国境や狭い国内各所に数多く見かけたが、すれ違う国民は僅か。この時開いていたバールで聞いたところ、訪れる人は夏場、土、日曜日に多く、今は閑散期とのこと。

セボルガは、「花のリヴィエラ」にあってミモザ栽培の発祥地である。今もここの花がローマの市場から全国に配送されるという。早春に全山黄色の溢れる景色を見たいものだ。

セボルガからは、さらに内陸へ向かう。

ペリナルド、アプリカーレ

内陸のペリナルドやアプリカーレには、海岸から登る本筋の道がある。セボルガから直接その道筋に下る道は、地図上も頼りない細い曲線だったが、実際には想像以上の悪路で大変難儀をした。

車幅ぎりぎりの石ころ道が延々曲がりくねり、脆い路肩から脱輪、転落の危険さえ身に迫るもの。運転手氏も「怖い、怖い」を連発しながら何とか小一時間を乗り切った。対向車のなかったことだけが幸運といえる。

海から来た本道は、急登してペリナルドに達した。標高五七二メートル。眺望が良い。村落に入ると、ここにも古い家並み、趣ある路地が連なり、中世の空気が漂う。一七、一八世紀ここから二人の高名な天文学者が出た。その一人ジャン・ドメニコ・カッシーニの生家カステッロ・マラルディ（一六世紀）を見た。

ペリナルドからは北の谷へ下り、「美しい村」の一つアプリカーレへ。谷へ張り出した大きな尾根に張り付いて、アプリカーレの村はあった。標高二七三メートル。

密集した家屋が重なり合い、急斜面を埋め尽くす光景は驚異というほかはない。

村の入口に車を止め、村落に入って路地を登り始めると、何処までも登る。カヴール通りやマッツィーニ通りなど一廉（ひとかど）の名前はあるものの折れ曲がり枝分かれした狭い路地は、重なり合う家々を縫ってその縁の下を潜り抜けたりもする。狭い空間は、上下左右から古びた石の精気に包まれるようだ。

頂上に近く、高みにルチェルトラ城（一〇世紀）が見える広場に出た。年寄りが肩を寄せ合って座り、子供たちがボールを追って駆け回っている。ここだけは頭上に空が広がる普通の村があった。

しかし、ボールは容易に広場を飛び出してしまう。直下の路地を転がり、何処までも落ちていく。子供たちはそれを全速力で追いかけるのだが、迷路の行く先は分かるのだろうか。

村の入口に戻り、昼食をとった。ヴィットリオ・ヴェネト広場の「リストランテ・アプリカーレ、ダ・デリオ」。明るい造りのレストランで、片側が谷に面している。吹く風の心地良い野外のテーブルで、山波を見晴らしつつリグリア典型料理を味わった。

バイアルド

「美しい村」の次の目的地はトリオーラだ。そこまでは幾つもの山や谷を越えなければならない。

先ずはバイアルドに向かう。これは恐らく今日のコースの最高所に当たるだろう。標高九〇〇メートル。アプリカーレからはひたすら山腹を登り詰める。山はますます深く、黄葉も現れるようになった。

バイアルドは、一八八七年震災に見舞われたが今は復旧。村落の構造は中世の面影を留め、家々はアーチで結ばれる。御多分に洩れず急傾斜の山の村である。

村の最高所にサン・ニコロ教会の遺構があった。崩落したままの廃虚だが、一部入口部と軀体の壁面が残される。入口を入ると青天井の壁面に祭壇があり、今も飾られた花々が見えた。自然状態のなかにも信心深い村人の気配が漂う。教会が復旧されることはあるのだろうか。

圧巻は、裏手にある広場からの眺望であった。遮るものがないアルプ・マリッティムのパノラマ。目を奪われて一ときを過ごした。

チェリアーナ

さて、ここまで来てもトリオーラは遠い。現地点はキンペーニャ峠を前に、サン・レモとトリオーラの分岐点だ。結局残り時間を計算し、トリオーラは諦めることになった。

キンペーニャ峠からつづら折りの坂を下り、アルメア渓谷へ。険しい渓谷を下る途中立ち寄ったのがチェリアーナ。

チェリアーナの村は、渓谷の岩肌を這い上がるように密集している。峠からの道はその下をトンネルで抜ける。トンネルの手前の橋からは、この村の概観が尾根に、また谷底へと一望される。谷底の川面には家鴨(あひる)が群れ、遠く鶏の声も聞こえてきた。

石造りの家は、村を守る防壁の役割を持つようだ。路地や階段、通り抜けの小路など、ここも中世の趣を深く残している。バロック様式のサンティ・ピエトロ・エ・パオロ教区教会やロマネスクを残すサント・スピリト教会も中世そのもの。聖木曜日と金曜日には鞭打ち苦行僧の行列があるそうだ。

ここからは一挙に、光煌めくリグリア海、サン・レモへと下った。

海、山一体の「花のリヴィエラ」であった。

アウレリア街道に沿って

リグリア

サン・レモから東へ、アウレリア街道に沿って歩く。「イタリアの最も美しい村」を訪ねて、リグリア海を右に見ながらの旅だ。

タッジャ、リングエリエッタ

間もなくアルジェンティーナ川の小平野の奥、タッジャの町に入る。

ここには中世初期からの古い歴史地区が残り、西リヴィエラでも最も特徴的な街区を見る。川沿いに車を残し、山寄りの中心部へ。

メインストリートのソレーリ通りには、歴史的建造物が軒を連ねる。石造りの拱門が支えるクルロ館や彫刻で飾られたアスデンテ・カッレーガ館（一六世紀）などが並ぶ。そこにこの日は青空市が立ち、賑やかな人々の往来が見られた。

この通りをさらに奥へ、路地も狭まったサン・ダルマッツォ通りに入る。ここはもう中世そのままの世界で、古びた家々を支えるアーチやヴォールトが昔の町の姿を完全に保っている。

発するもの。

一方、アルジェンティーナ川に架かる雄大な橋（長さ二六〇メートル、一六アーチ）も中世に

なお、この川の最上流にあるのがトリオーラだが、支谷のカルパジーナ渓谷にカルパシオの村がある。語源の「カーラ・パックス」（貴重な平和）は、リグリア人とローマ人の和解と伝えられる。海辺の都市に残るローマ遺跡とは別に、街道で及ぼされたローマの影響がこの山中でも窺うことができる。

アウレリア街道に戻り、サン・ロレンツォ・アル・マーレを山へ一〇キロほど入ると、リングエリエッタの村（標高三二〇メートル）。ここが「美しい村」の一つで、ブーゲンビリアが花盛りだった。

頂上の広場にはサン・ピエトロ教会（一三世紀）。近くに一六世紀の城塞も見える。そこにはタッジャから来たという夫婦の移動販売車が食料品や日用品を並べていた。

チェルヴォ

再び街道をさらに東へ。インペリア（県庁所在地）を過ぎ、ディアノ・マリーナに差しかかる頃、前方に姿を現すのがチェルヴォの丘である。「美しい村」の代表格だ。

海に向かってなだらかに傾斜する丘の上に、リグリア特有のこの中世の町が完全に残される。頂上にはクラヴェザーナ城。中世の重要建築物で、内部に西リグリア民族博物館がある。

中腹には丈高いサン・ジョヴァンニ・バッティスタ教会。リグリア・バロック様式の代表的作例とされる。

全町傾斜地のこの町でも、専ら足を頼りに路地を巡った。昼食は山上の城に至近の「リストランテ・サン・ジョルジョ」。ミシュラン星付きの一軒だ。

テラス席に海風が吹き上げる。眼下に海岸線を眺めつつここで海の幸を満喫した。かに、えび、いか、何をとっても地元産。ヴェルメンティーノ種のワイン（白）とも絶好の相性だ。

ライグエリア

チェルヴォから先では、メーレ岬を過ぎた海岸にライグエリアがある。これも「美しい村」の一つ。

ここはアラッシオに近接した海水浴場で、珊瑚採りの昔から活気のある町だ。この日も海沿いの長く狭い通りは人混みで、広場はお祭りのよう。音楽が鳴り、紙芝居が子供を集めていた。

当地の文化財は、サン・マッテオ教会（一七一五年）だ。華やかで動きのある西リヴィエラのバロック建築。海岸にはサラセンの塔（一五六四年）も残る。七月末～八月初めには、苦難の記憶「サラセン人の上陸」劇が催される。

ローマ帝国滅亡後、地中海世界を荒し回るサラセン人がここリグリアにも押し寄せていた。リグリア人は山中に防衛の村落を造る一方、海岸に見張り塔を建てたのである。

アルベンガ

さて、アラッシオの先アルベンガは、西リヴィエラでも最も興味深い町だ。町の構造はローマ時代に発し、旧アウレリア街道の市街部分は北へ延びるポンテルンゴ通りに続く。大聖堂（五世紀）は初期キリスト教に起源を持ち、中世に改築が重ねられた。隣接の洗礼堂（五世紀）も同時代の記念建造物だ。

向かい合う市庁舎ヴェッキオ館（一三八七年）では、インガウノ博物館にローマやビザンティン時代の様々な展示がある。古代ローマ船博物館には、一九五〇年海底から引き揚げられたローマ船（前一世紀）の遺品、積み荷類が収められる。

アルベンガを起点に、ネーヴァ川上流の村々を巡った。

ズッカレッロ、カステルヴェッキオ・ロッカ・バルベーナ

チザーノ・スル・ネーヴァは、城壁や塔の遺構から恐らく中世初期に溯る町だ。

少し上流のズッカレッロは、「美しい村」の一つ。渓流沿いに塔を備えた城門を潜ると、そのまま一筋の直線路が延び、両側を堅固な柱廊付きの建物が固めている。ここはそれを城壁代わりに、片や岩山、片や渓流に沿った細長い村落を形成する。

城門の傍らには一基の婦人像があった。当地の侯爵カルロ一世の娘イラリアの像。トスカーナのルッカに嫁したあのイラリアである。ルッカの大聖堂には、一五世紀イタリア彫刻の傑作、

ズッカレッロ　城門の塔を背に小さくイラリア像

ヤコポ・デラ・クエルチャの代表作「イラリア・デル・カッレットの墓碑」（一四〇八年）がある。こんな寒村出の彼女の名が、これによって今世界に知られる。

ズッカレッロからさらに上流、渓谷のつづら折りを急登した先の岩場にカステルヴェッキオ・ロッカ・バルベーナがある。ここも「美しい村」の一つで、オリーヴとワインの名産地だ。高台の駐車場から村に下る。

岩場の頂には方形の城を見るが、これは私有地で閉鎖中。中世の村に付きものの曲折する狭い路地がその裾に廻らされる。今日のところは人影は疎ら。小教会ノストラ・シニョーラ・デラッスンタのある、日溜りの小広場で休憩した。

フィナルボルゴ、ノーリ

アルベンガに戻ってからは、海岸線を引き続き進む。サヴォーナ（県庁所在地）まで「美しい村」が二ヶ所。

フィナーレ・リグレは、ローマ時代に「最後の」と形容された市域にある。幾つかの独立した地域に分かれるが、今はピア、マリーナ、ボルゴの三地区がほぼ連坦する姿になった。最も西のフィナルボルゴは、山寄りの高台に位置する。ここが「美しい村」に登録される。村内には中世の各時代繁栄した証が幾つも残される。一七世紀再建のサン・ビアージョ教会、絵に描いたようなガヴォーネ城跡——。

フィナーレ・リグレからさらに海岸線を行くと、もう一ヶ所のノーリの町に至る。

ノーリはビザンティン時代に起源を持つが、中世を通じ自由で繁栄した海運共和国として命脈を保った。四大海運共和国に次ぐものといってよい。

外敵に備えた山上の城（一一世紀）と海岸の町を繋ぐ二方の城壁が今も残る。海から町を守るのは「共和国」の名を冠した長大な外廓付き建造物。この門を潜ると、路地が幾筋となく稠密な旧市街に延びている。一画の小広場には、町の塔（一三世紀）と町役場（一四、一五世紀）が厳然と建つ。

あくまでも古びた旧市街に対し、明るい海辺は今人気の海水浴場で、ノーリは観光地として人を集める。

ミッレジモ

さて、最後の目的地は、サヴォーナから内陸深くピエモンテに近づく地点。ノーリからは海岸沿いの高速道Ａ一〇号線からトリノへ向かうＡ六号線を行く。アルターレの谷に入り、アルプ・マリッティム山脈の分水嶺を越える。ここはリグリアには違いないが、既に内陸のピエモンテを潤すボルミダ川水系の上流部だ。

ボルミダ・ディ・ミッレジモ川のほとりに「美しい村」のミッレジモがある。

高速道から川筋に下りると、橋を渡りミッレジモの町に入った。中心はイタリア広場。柱廊に囲まれた不似合いに広い広場だ。一五世紀の塔を備えた町役場がそこにある。背後の丘に城跡も見える。

広場に面する「カフェ・デル・カステッロ」で軽食をとった。紛れもなくリグリア料理のくるみソース・パスタ。

広場から路地を辿ると、ここは久し振りに平坦、開けた中世の町。目当てのガイエッタ橋は、とある路地の先から川を跨いでいた。手前のオリジナルの石橋（一二、一三世紀）と向こう岸までの長い吊り橋。足で渡ることができる。石橋は、中央に高く門塔（一四世紀）が加わり要塞化された。

当地は山越えの地の利から、古来戦いの通り道だった。ナポレオン軍の「ミッレジモの戦い」（一七九六年）は、町役場の壁にも銘記されている。

大観すれば、アルプ・マリッティムはアルターレの谷の西側、サヴォーナ高地まで。これより東へ発するのがイタリア半島の背骨アペニン山脈だ。境界といえるのがカディボーナ峠。

この地勢はつとに古の地理学者ストラボンの説くところ。今日この場所に立って、西リヴィエラの歴史の証人「イタリアの最も美しい村」の旅は終わった。

Ⅷ　「美しい村」カラブリア編

カラブリア

一山一村モラーノ・カラブロ

大きな円錐の一山を、びっしり建物で埋めたピラミッドの村。モラーノ・カラブロである。カラブリアの北端ポッリーノ山（標高二二四八メートル）の山裾に、この村はある。一目でも見たその特異な印象は、誰も忘れないだろう。

私も一回は立ち寄ったこの村に、今度は泊まりがけで過ごすためやって来た。その間に始まった「イタリアの最も美しい村」運動で、村はその一つに登録されていた。

ホテル「サン・ドメニコ」

急傾斜の村の入口に「アルベルゴ・リストランテ、ヴィラ・サン・ドメニコ」があった。門

モラーノ・カラブロと雪のポッリーノ山

から急登する敷地全体が傾斜地で、幾つかの段差で本館やテラス、庭園が配される。

面白いことに、ここには一五〇〇年代の水道橋の一部が残っている。古代ローマの架橋技術を受け継いだ造りだ。

本館の建物は、一七〇〇年代の貴族の館で、内部に重厚な木造を残す。然るべく改造された階上の客室は機能的、テラスからの眺めが良い。難は田舎の宿の例としてバスタブがなく、シャワーのみ。日本人には不便だが、一晩や二晩は我慢できよう。

何より、宿のサービスは家族的で好ましいものだった。概して土地の人間は物静かで、あまり出しゃばらずにこちらを気にかけてくれる。

夕食は一階、古色の家具に囲まれた半個室のテーブルに着いた。土地の生ハム、ソーセージとともに特産の「カピコッロ」(牛肉ハム)が出た。パスタはトマトソースで長めのフジッリ、昔の味を守っている。

カラブリアでは多くが赤ワインで、カタンツァーロ県のチロが有名である。それに今宵は地元コゼンツァ県の白を試した。興が乗ったのは自家製の食後酒で、アマーロもあり、さくらんぼや名の知れぬ果実酒が四種。異郷の味がする。

宿の主は初老、小肥りの飾らない人柄で親しめる。われわれの大きな車では村内を登れないだろうと言い、翌朝は自分が運転する車で案内を買って出てくれた。

村内を巡る

道々、顔を合わせる人ごとに挨拶が忙しい。ここで生まれ育った皆が友だち(トゥッティ・アミーチ)ということだ。登り道の途中、モラーノ・カラブロを目の高さに見る別の尾根に出た。そこから、雪が映えるポッリーノ山を背景に、ピラミッドの村を望む素晴らしいパノラマを見た。

そこには、展望台に向かい合って大きなサン・フランチェスコ修道院がある。折からその門が開き、一人の神父さんが出かけるところを宿の主が呼び止めて挨拶。言葉を交わした後、修道院の内部を見学できることになった。

修道院の農場は想像以上に広い。腰に聖フランチェスコの縄紐を巻いた若い僧が案内してくれる。天に近い長閑なぶどう園やオリーヴ畑も、食料を自給する修道僧には祈りと労働の場にほかならない。

驚くのは、家畜が実に多くいることだ。牛、豚、羊、山羊、家鴨、鶏。孔雀や小鳥もいる。それぞれが舎飼いで、豚舎には出産直後の豚が横たわっていた。鶏だけは自由な身で、行く先々、人に驚いては地面を走り回る。その世話を全部修道僧がするのだ。

修道院の内部も、台所、食堂から内庭の回廊、教会まで丹念に見学した。信仰が日々の営みのなかで育まれていた。

なお、この尾根の高所には、宿の主の農園もあった。オリーヴや豚舎の世話をする者がいる。ここの収穫が宿の地産料理に生かされているのだ。

さて、モラーノ・カラブロの円錐形は、内部に潜ると入り組んだ上り下りの迷路だ。やがてこの足で立った村の最高所（六九四メートル）には、ホーヘンシュタウフェン朝の城跡が石の壁を残していた。この高みでは、また最も古いサンティッシマ・ピエトロ・エ・パオロ使徒教会が思いがけない威容を見せる。

モラーノ・カラブロには教会が多い。宿に最も近いサン・ベルナルディーノ修道院は、景観上も村の近景に欠かせない。ここでは、夜間、無人の教会に入り、漆黒の闇に潜む代々の村人の信仰心を思った。

もう一つの村チヴィタ

ところで、ポッリーノ山の周辺は国立公園に指定される。ここには「美しい村」のもう一ヶ所が潜んでいる。

それは、東方でさらに山を分け入った僻村のチヴィタである。ポッリーノ山から流れ出るラッガーロ川を溯る。その村（四五〇メートル）は、赤茶けた岩肌も荒々しい峡谷部にあった。ここは、こうした奥地にも及んだサラセン人の災禍の後、一四六七年アルバニア人が入って建てた村という。今もアルバニア語が話される。

村に入ったこの日は、村内が心なしか寂しく、バールに屯する老人たちにも人馴れない気配が感じられた。

この村の見所は「悪魔の橋」である。一五〇〇年頃、村人の命と引き換えにこの渓谷二六〇メートルの高さに架けられた伝説の橋。しかし、村の中心から奥へと、徒歩でさらに分け入る距離はかなりあるらしい。しかもその経路が、地図もなく村人に聞いても要領を得ない。いずれ、これから往復することは困難とみた。観光客の受け入れが不慣れの印象は免れない。

開かれた村といっても、何百年も閉ざされてきた村である。「美しい村」にかけた村興しも、一代で叶えられるわけもない。むしろ先祖代々のアルバニア人の伝統が失われないよう、今の世代には期待したい。

イオニア海からティレニア海

カラブリア、バジリカータ、プーリア

イタリア半島の先端カラブリアには、普通二つの探訪ルートがある。一つはナポリから南下してそのままカラブリアに入る。もう一つはシチリアからメッシーナ海峡を渡り北上する。ナポリかシチリアという著名な観光地に、カラブリアがプラス・アルファされるかたち。

これまでに二つのルートを経た私は、今度は第三のルート、東から西へ横断する道を歩いてみた。

それは、ターラントからイオニア海の湾岸を進み、カラブリアの北部を横切ってティレニア海に抜けるもの。前段の観光スポットは少ないとはいえ、ターラントやメタポント、シバリスといったギリシャ遺跡の見所がある。

ギリシャ遺跡

ターラント（古名タラス）は、ギリシャ植民都市の雄たる偉大な過去を持ち、近くは統一後のイタリア南部開発の拠点となって有数の工業、港湾都市に変貌した。

しかし、そのため古代の遺跡は地上から消え、旧市街の国立博物館に栄光の面影を残すのみ。実地を訪ねるならば、この先ターラント湾岸のメタポント（メタポントン）へ進まなければならない。現代の行政区画では州がプーリアからバジリカータに移行する。

ピタゴラスが理想に破れ、失意のうちに死んだというメタポント。そこでは僅か「パラディーニの円卓」と呼ぶ遺跡が国道沿いに残される。

出入りは自由だが柵を廻らした平原の直中、神殿のドーリス式円柱が二列（五基と一〇基）連なって並ぶ。謂われは定かでない。

町外れの別の地点には遺跡公園もある。しかし、そこにエクレシアステリオン（集会所）の跡を見るのみだ。

中世サラセン人の災禍で滅失したメタポントの栄華の、これが僅かな痕跡なのである。麗らかな冬の日が注ぎ、見渡せど、この日人影は全くなかった。

ロッカ・インペリアーレ

沿岸の道は、バジリカータからいよいよカラブリアへ移行する。

同じ海岸、同じ風景。州境といっても目立った変化があるわけではない。古代からここに境界はなかった。

知らぬ間に入ったカラブリアだが、今回の目標は以前の旅で目指した観光地ではなく、僻地、僻村を訪ねることだ。取り残されたカラブリアの古き良きものを見出し、共感することができればよい。

カラブリアに入ると、それでも地勢の変化が次第に現れてくる。四分の三は山地というカラブリアである。国立公園でもあるポッリーノ山塊がこの海岸にも裾を見せる。

一つの丘に目を奪われたのは、ロッカ・インペリアーレの異様な姿だった。頂上には巨大な砦が置かれ、頭でっかちな丘の斜面を一気に駈け登るかのように家々が密集する。

砦は、ホーヘンシュタウフェン朝のフェデリーコ二世が南イタリアに築いた城塞群の一つ。既に閉ざされているが、海上を一望する眺めは比類がない。

稠密な村の中心部に下り、昼食をとった。「トラットリア・デイ・ポエティ」（詩人たちの食堂）。店の奥は背後の岩山を削った穴蔵で、テーブルを仕切るのはとても元気なおかみさん一人。昼下がりに静まる村のなかで、ここだけは頗る賑わいを見せていた。

前菜からパスタ、主菜まで多種多様。次々と皿に運ばれてくる。カラブリアのとうがらし「カピコッロ」が珍しく、総じて料理は日本人の口に合う。店のワインは地元産の赤のみ。食べ物にも当地ならではの特徴ある村だった。

未だその名こそなけれど、「イタリアの最も美しい村」の一つに違いあるまい。

シバリス

海岸線の旅は、次にシバリスの遺跡に向かう。ここにはカラブリア一の河川クラティ川が河口を開いている。

伝説のシバリス（前八世紀）は一体ここの何処にどう眠るのか。都市は同じ沿岸の有力都市クロトンによって前五一一年滅ぼされ、付け替えたクラティ川の底に沈められたという。

クラティ川の河口部は芒々たる大平原。陸と海の間に今や何もない無為の空間が広がる。すると、国道を挟んで西側に発掘現場、東の海側の先にささやかな博物館があった。

シバリスは、ポンペイにも勝る空前の遺跡を埋蔵するという。しかし、興味深い発掘品が出たものの、未だその説は実証されていない。

さて、このまま海岸線を辿れば、クロトーネ（クロトン）から州都カタンツァーロに至る。しかし、カラブリアを横断するため、ここからは内陸への道を辿ることにする。クラティ川を溯るのだ。

クラティ川は、カラブリアの中心に蟠る（わだかま）シーラ山塊の奥部に発し、山間を流れて下流部にこの貴重な平野部を形成している。

シバリスから先ずこの平野部を内陸へ進む。

アルトモンテ

平野部の道はやがてポッリーノ山の南麓に達し、そこでカストロヴィッラーリの町に入った。この町は周辺では比較的大きく、かつて私もここで宿をとった。ガイドブックにも紹介されるホテル・レストラン「ロカンダ・ディ・アリア」。町なかにありながら静かな良い宿だ。しかし、今回はここよりさらに僻地を目指したい。

そういう意図でやって来たのは、カストロヴィッラーリの南三〇キロ、ティレニア海に向かう山中である。ここに名実とも「美しい村」のアルトモンテがある。かねてミシュラン・ガイドにも掲載され、かなり知られた村である。

始祖は九、一〇世紀サラセン人の侵攻を逃れて来た人々という。村は幾重もの山波のなかで、平和な日射しの下に静まっていた。

車で乗り着けた道路際からは、山上の村へと高く登らなければならない。先ず、この道路際にあるサン・フランチェスコ教会を訪れる。

ここには、イタリアの何処の村にもある戦没者記念碑を見る。この村でも二〇世紀前半のリビア戦争、第一次、第二次大戦に出て命を落とした若者がいた。大勢のその氏名が永遠に記されている。

ここからの旧市街は、狭く入り組んだ路地や階段を延々登り詰めた。標高四五五メートルの

頂上に建つアルトモンテ大聖堂（正面）

頂上には、アンジュー王朝期の由緒ある大聖堂サンタ・マリア・デラ・コンソラッツィオーネ教会が建つ。

これはアンジュー王家に仕えた領主フィリッポ・サンジネート伯が一三四二年ノルマン時代の教会を改造したもの。正面は浮き彫りを施した扉口と優雅な薔薇窓で飾られる。後陣に同伯の立派な墓がある。

「美しい村」は、まさに中世の遺産そのものにほかならない。

大聖堂に至近のレストラン「イル・グラナイオ」。ここではカラブリア風パッケリ（トマトソース、フンギ・ポルチーニ和え）が秀逸であった。地元産赤ワインの自慢話も気持よく聞いた。

フィウメ・フレッド・ブルツィオ

アルトモンテを出て山を下り、ティレニア海に出た。沿岸の目ぼしい町はマラテアとかパオラ。しかし、私の目指すのは地図にもない小さなフィウメ・フレッド・ブルツィオだ。パオラの南一五キロ、「美しい村」の一つ。

海辺に切り立つ標高二二〇メートルもの山上にこの村は位置する。御多分に洩れずここもサラセンの災禍を蒙り、ノルマンの征服後再建された。その後もナポレオン軍に破壊され、立ち直って今日がある。

空に突き出た岩の上に、大きな城の廃虚が屹立する。海岸から見上げる風景は異様なもの。城跡は今、反戦のナショナル・モニュメントとなっている。

海と山上の村を結ぶ昔の漁師の道が最近復活された。これは今観光のトレッキング・ルート。山上の眺めは筆に尽くせない。足元の紺碧の海、果てしない水平線。海と空のあまりに明るい空間は、山中の村とはやはり別世界だ。

城跡に続く山上の村は稠密。狭い街路や広場に多くの教会、家屋が犇めく。しかし、遠目の明るさに反し家並みは大方古び、黒ずんだ壁を曝している。空家もある。それでも何ヶ所かある明るい一画にB・B（ベッドとブレックファスト）方式の宿が門戸を開いたりする。

市の時計塔のある崖際の広場に出た。そのトッレッタ広場に面する古い館に「ラ・トッレッタ」があった。当地典型料理の魚レストランだ。広場の地面からは地下に当たる部屋。崖に開く窓からは直に海が見下ろせ、ここが空中にあるかの錯覚に捉われる。長い海沿いの道には、豆粒のような車の行き来が望まれた。

料理はかじきまぐろのソテー、トリリアという赤い小魚のフライが美味。麦わら色の自家製ワインを合わせた。

「美しい村」は中世の記憶を呼び醒まし、観光客を呼んで命脈を後世へ繋げていくようだ。

Ⅸ　あの山、この川

アオスタ谷秋景

ヴァッレ・ダオスタ

黄葉の時期アオスタ谷を歩いてみたい。マッターホルンやモンブラン、アルプスの峰に雪は来ただろうか。

去る年一〇月某日のこと、ミラノ・マルペンサ空港に降り立った。その夜はそのまま空港直結のホテルに宿泊、翌朝早速高速道を西へ向かった。

雲一つない快晴の小春日和だ。

イヴレアを過ぎると道は北へ転じ、上り勾配となる。周囲は枯れ色のとうもろこし畑。収穫の秋である。左右には次第に山が迫る。

アオスタ谷へ

アオスタ谷即ちドーラ・バルテア川の渓谷を遡ると、最初に入る村がポン・サン・マルタンだ。ここからヴァッレ・ダオスタ特別自治州の領界に入る。ここまで二時間余り。

この州はイタリアの最北西部、ヨーロッパ最大級のアルプスの南西に位置する。最奥部は大サン・ベルナルド峠でスイス、小サン・ベルナルド峠とモンブラン・トンネルでフランスへ抜ける。公用語はイタリア語とフランス語。地名は概してフランス語だ。

ポン・サン・マルタンは、岩山に囲まれ荒涼としている。ここを流れる支流のリス川は、モンテ・ローザの氷河に発する急流である。

一弧のアーチでそれを跨ぐ堂々たる石橋。それがポンテ・ロマーノ（ローマ橋）。前一世紀の建造、見上げる高さ実に二三メートル、幅五メートルという雄大なもの。接続する古い街道の石造りと一体の眺めだ。

アオスタ谷は、古来ローマとガリアを結ぶ主要道の一つで、歴史の道でもある。西へ四・五キロほどの岩場にも轍（わだち）を刻む古ローマ道が残る。

次に続く村は、やや上流のバールである。行く手を遮るような山の上に堅固な砦を戴く要塞の村。麓を洗う本流の斜面にこれが張り付いている。ここは、一八〇〇年五月大サン・ベルナルド峠から侵入したナポレオン軍を一三日間食い止めた史話で知られる。

さらに上流へ、山々が重なる先にヴェーレスの村。中世の領主シャラン家の美しい城が残る。対岸のイッソーニュの城も同様、封建領主の豪華な居住空間を今に伝えている。

この辺りの谷筋は、未だ美しい黄葉はなく、このまま冬を迎えて枯れ果てるのかもしれない。イタリア人が元々黄葉を愛でる習慣のないのも、身近にそれがないからであろう。

サン・ヴァンサンからマッターホルン

中流のサン・ヴァンサンからは、本流の谷は方角を変え西へ向かう。ここで北へ向かうのがヴァルトゥルナンシュの支谷である。これを登り詰めると、マッターホルンの麓ブルイユ・チェルヴィニアに達する。

サン・ヴァンサンの鉱泉地、カジノもある山間の保養地を斜めに見て、ひたすら登ること三〇分、支谷の中心地ヴァルトゥルナンシュ（標高一五二八メートル）に着いた。道は意外によく整備されている。

谷に切り立つ印象的な台地の上に、この村はあった。昔からの別荘地で、マッターホルンへの登山基地としても知られる。登山ガイドも輩出してきた。

ここが賑わうのは夏場と冬場。秋季の今はホテルも休業、沿道は閑散と静まっていた。

ここまで来ると峰に近い山は明るく、山腹の樅（もみ）が黄葉を見せるようになる。そして、一つのカーヴを曲がると突然、開けた行く手に雪を纏ったマッターホルン（四四七八メートル）がそ

チェルヴィーノ（マッターホルン）を映すブルー湖

の姿を現した。

ブルイユ・チェルヴィニアは、ヴァルトゥルナンシュの地籍だが、村から五〇〇メートル上の最奥部、マッターホルン南面直下の盆地に孤立している。

何一つ遮るもののない眼前のマッターホルン。見慣れたスイス側のマッターホルンとは違う異形のチェルヴィーノ（イタリア語ではこう呼ぶ）が青空に突き出ていた。

幸いというべきか、オフシーズンの今日は人影も疎ら。開発前の神寂びた山岳の霊気が立ち込めるかのようだ。静寂の空間にただただ放念して長い時を過ごした。

美しい箱庭の風景もないではない。脇道に入ったブルー湖は、黄葉に染まる湖面にマッターホルンの雄姿を映して絵のようだ。

傾いた日射しのなか、山を下ることに。来た道をサン・ヴァンサンまで戻り、本谷を溯ってアオスタへ。

アオスタからモンブラン

アオスタの宿泊は、今回は市中でなく南の丘の山小屋風のホテルに入った。ここからは、町の全景を眼下に、それを雄大な山波が取り囲むパノラマを楽しめる。

夜景がまた良い。ホテル名の「ミッレ・ルーチ」(千の光)は、ここで見る町の無数の灯を表すのかもしれない。

木の温もりのロビーで、この地方の生ハム、コッパ、山羊チーズなどを味わった。こんな山奥にもワイン産地はあり、DOCは赤、白すべてヴァッレ・ダオスタを名乗っている。

翌日、谷間の朝は少し遅い。行く手も山に閉ざされるが、テラスからは一段と高く雪を戴く一つの峰が望まれた。これはモンブランなのだろうか。

しかし、ここからモンブランを見ることはできない。もっと上流へ近づかなければならないだろう。

谷筋の最奥部、モンブランの直下にはクールマイユール（アオスタから三五キロ）がある。イタリアでも最も古い保養地で登山、スキーのメッカ。一九六五年モンブラン・トンネルが開通してシャモニーと結び、国際的観光地になった。ただ、モンブランの展望台としてはあまりにも近すぎる。ロープウェイにでも乗らない限り、山裾の絶壁を前にするのみだ。

アルプスの最高峰モンブラン（イタリア名モンテ・ビアンコ、四八一〇メートル）。その全容を見渡す展望台がアオスタ谷にないものか。尋ね歩いて行った先は、ラ・サレ（アオスタから二九キロ）の村である。

高速道をモルジェで降り、谷から登った高台にその村はあった。標高一〇〇〇メートル。黄葉が今や真っ盛りだ。

村は意外に近代的な装い。その名も「モンブラン・ホテル・ヴィレッジ」なるホテルがあり、野外にエレベーター付きの公衆トイレもある明るい観光地だ。何より、尾根に整備された小公園から深い谷を隔てて見た、雪のモンブランのおおらかな姿は忘れ難いものとなった。

今日も快晴。眼下のアオスタ谷は、刻々モンブランからの水と太古からの時を流し続ける。

チロル、ドロミティへの道

トレンティーノ・アルト・アディジェ、ヴェネト

アディジェ川、といっても馴染みはないが、チロル、ドロミティへはこの川を溯る。川は、ポー川デルタのアドリア海に河口を開く。ヴェネト州の平野では貧しかったポレージネ地方を潤し、歴史都市ヴェローナを発達させた。中上流はトレンティーノ・アルト・アディジェ州、源流はアルプスの分水嶺に達する。

上流部アルト・アディジェが南チロル。ドロミティは左岸を東方へ溯る。今回はヴェローナを発ってアディジェ川を溯ることにする。川沿いの高速道を一路北上する旅だ。時は秋、爽やかな道中。

道は早くも両側が狭まり山峡に入る。左（西）はガルダ湖を隔てるバルド山地、右（東）はヴェネト州境のレッシーニ山地。小村の点在する長閑な田園を行く。トレントまでは一時間余りの行程。

トレント

トレント。ここがトレンティーノ・アルト・アディジェの州都である。州南部トレンティーノの県都でもある。

ここでは、先ずドゥオモ広場のカフェで休憩した。広大な広場は、ネプチューンの泉を中心にぐるり壮麗な建物が取り囲む。正面南側はロマネスク・ゴシック様式のドゥオモ（一二、一三世紀）が長大な左側面を見せ、左手東側に二連窓、三連窓を連ねたプレトリオ館（一三世紀）、ここ北東側にこのカフェの入るカッツフィ館とレッラ館が建つ。

これは深い突き出し屋根のある一六世紀山地様式の邸館。何よりの特徴は、建物を飾る味わい深いフォゴリーノの壁絵にあるだろう。謎めいた多彩な寓意画が壁一面を覆う。風化の進んだフレスコ画は、栄光の昔を静かに語っている。

広場に続くベレンツァーニ通りは、町で最も美しい通り。フレスコ画で飾られた建物も幾つか見られる。ここは壁絵の町なのだ。

ドゥオモはこの日、地元名士の葬儀で大混雑だった。人混みを分けて、右側廊にある史上有名な木製の磔刑像の前に立つ。トレント公会議（一五四五〜六三年）の決定がこの像の前で公布された。アルプスの向こうで起こった宗教改革に、対抗宗教改革の口火がまさにこの場所で切られたのだ。

この地は、神聖ローマ帝国のオットー一世以来帝権が強く及び、俗権を賦与された司教支配もその影響下にあった。一三世紀はチロル伯、一四世紀以降はハプスブルク家の支配が優越していた。

そんななか、枢機卿ベルナルド・ディ・クレジオが件の公会議を企て、また壮大なブォンコンシリオ城も建設した。街並みに残るルネサンス様式の外観もこの時期に形づくられた。

時代が下って、一時のナポレオン支配の後は、オーストリアの統治が第一次大戦後（一九一八年）まで続く。

南チロル ワイン街道

イタリアであってイタリアでなかったのが、一〇〇年前までのトレンティーノ・アルト・アディジェである。ドイツの影響が深く及んでいる。今もイタリア、ドイツの二ヶ国語地域だ。

これから訪れる先々の土地はドイツ語名を持ち、これが普通に通用する。

北上してアルト・アディジェ（南チロル）に入ると、西側がオルトラディジェの丘陵地帯だ。ここは一面のぶどう畑。秋の日射しが注ぐ。果樹園も点在する。このなかの村々を南北に縫って「ワイン街道」が走っている。

取り付きはコルティナ（ドイツ語名クルティニヒ）という小村。正式名称は下に「スッラ・ストラーダ・デル・ヴィーノ」（アン・デル・ヴァインシュトラーセ、ワイン街道の）が付く。

ワイナリーを訪れたのはテルメーノ（トラミン）の村。「エレナ・ヴァルヒ」は一八六九年創業。一〇〇年記念の豪華な大樽が年代を感じさせる一方、バリックの並ぶ近代工場や併設のレストランが若いチャレンジ精神を示していた。

カルダーロ湖に近い、同じ経営の「カステル・リンベルク」では、ゲヴェルツトラミネル種の良品を求めた。ここにはやはりドイツ品種が入っている。

カルダーロ（カルテルン）の町は、アディジェ・ゴシック様式にルネサンス様式の美しい家並みを見せる。ここに南チロル・ワイン醸造博物館がある。噴水のある広場で一服。

ワイン街道の北の終点はアッピアーノ（エッパン）。点在するワインの集落を纏めた行政区である。北の外れからボルツァーノの町が望見された。

ボルツァーノ、ティローロ

ボルツァーノ（ボーツェン）は、アルト・アディジェの県都。ラテンとゲルマン、二つの世界が交じり合う中心地ともいえる。

ここからアディジェ川は大きく西方へシフトする。このまま北方へは支流のイザルコ川が入り、ゲルマン世界への最短路ブレンネル峠に導く。

北からこの峠を越えた時、初めてイタリアを感じるのがボルツァーノだ。一七八六年九月『イタリア紀行』（一八一六、一七・二九年）のゲーテは、そよ風が吹き渡りぶどうが熟するなか「幸せな明るい太陽のボーツェン」に着いた。

イタリア側から見た場合、ボルツァーノに幸せな明るい太陽はない。ドゥオモは急勾配、多色の屋根を持つ北方のゴシックである。食べ物も一般にクネーデルやゲルテンズッペ、リントグラシュなど中欧風。

ボルツァーノは早々に過ぎ、今回私の目指すのはティローロ（チロル）である。現オーストリア領チロルに及ぶその地名の発祥地。

アディジェ川を少し溯ると、左岸の高み（標高六四七メートル）にティローロ城は姿を現す。背後の山頂には早く雪が来る。周りの山腹は一面のぶどう畑。

城は一二世紀に築かれ、一帯を支配するチロル伯の居城だった。一三六三年その血統が絶えるとハプスブルク家に譲渡された。

城に近い尾根にティローロの村があり、ここにも保養に適した新しいホテルが現れていた。今宵の宿は「カステル」。テラスからは眼下に開けるアディジェ川上流部の谷を奥深く見渡すことができる。ティローロ城までぶどう畑の散策路も、天上の眺望に恵まれる。

実は、前回の宿泊地は麓のメラーノ（メラーン）。アディジェ川に注ぐ支流パッシリオ河畔の古い保養地だ。ローマ時代の城塞に始まり、オーストリア統治下で国際的保養地に整備された。河畔の散歩道や別荘、温泉施設など優雅な町の佇まいを今日に残している。

ティローロ城と山腹のぶどう畑

往時気に入ったレストラン「シッシ」（皇妃エリーザベトの愛称）を再訪した。時を経て変わらぬ味もよいものだ。地元のDOCワインは、赤のメラネーゼ・ディ・コッリーナ（メラナー・ヒューゲル）。

ドロミティ周遊

ボルツァーノに戻り、次に目指したのはドロミティだ。

イザルコ川の東方からヴェネト州にも及ぶ一大山塊、天下の奇勝ドロミティである。そこには三〇〇〇メートル級の岩峰が犇めき、断崖が峻り立ち、怪異な山容を連ねた迫力満点の画面が展開する。

岩肌はドロマイトの白。刻々の光に全山が様々な色調を見せる。谷間は樅の樹林と常緑の草原。点在する小村はまるで絵葉書の風景だ。

ガルデナ（グレドナー）の谷をオルティセイ（ザンクト・ウルリッヒ）に入った。ドロミティ西部のセッラ山群やマルモラーダ（三三四三メートル、最高峰）の麓を経て、東部のコルティナ・ダンペッツォへ。トレ・チーメ・ディ・ラヴァレードまで極めると、ドロミティ一周は急いで丸一日を要する。

いつ来てもここでは、自然の驚異と感動に満たされる。さりながら、再訪には少しずつ趣向を変えてみるのもよい。

ドロミティ新名所

今回は、これまで行かなかった谷筋に足を向けた。

その一は、アルペ・ディ・シウジ（ザイザー・アルム）である。季節外れでも開くリゾートホテルがここにあった。

谷筋から急登した山上の広々した高原（一八二六メートル）。南にはシリアル山塊が聳え、北縁はガルデナ谷に落ちる。スキーにも絶好。かつての避難小屋がホテルに変身している。滞在はとても爽快であった。

その二は、ガルデナ谷より一つ上流のフネス（ヴィルネス）の谷である。入口は狭まった峡谷だが、先の牧草地は大きく開け、正面に峨々たるオドレ（ガイスラー）山塊。最奥部には密やかにサンタ・マッダレーナ（ザンクト・マグダレーナ）の小集落。明るい丘陵の緑の稜線に小教会が建つ。紅葉の谷間を隔てて白銀の峰々を見渡す美しい景観は、幸せこの上ないもの。

帰途、この谷の入口付近、イザルコ川狭隘部の町キウザ（クラウゼン）に立ち寄った。山上から見下ろす一三世紀の塔。居住区は張り出し屋根を連ねる一五、一六世紀の家並み。「イタリアの最も美しい村」の一つだ。

ここにはかつて税関が置かれ、ブレンネル峠への荷物に課税された。今は新しい道がキウザを素通りしている。

谷筋を登り詰めたブレンネル峠でも、今やEUマークの付いた空っぽの国境検問所を人や車が素通りする。

峠を向こうに下ればオーストリア、インスブルックに至る。アルプスを越えるこの谷筋は、今も昔もゲルマン世界と結ぶ枢要な山岳路線だ。山岳観光が盛んな今、景勝路線として新たな脚光を浴びつつある。

エトナ山一周

シチリア

シチリアは海から開かれた。ギリシャ以来の外来勢力、外来文化が繰り返し海からもたらされた。歴史的な遺産は海沿いに多い。しかし、内陸は内陸でその伝統、文化が秘められている。これまで、シチリアの内陸を歩く機会は少なかった。今回タオルミーナ滞在中に、エトナ山を一周する小旅行に出た。

タオルミーナから望む美しい山容のエトナ山を、内陸の裏側から見ようとする。

エトナ山周遊道路

エトナ山は標高三三四〇メートル、ヨーロッパ最大の活火山だ。何しろ紀元前から二六〇回の噴火を繰り返し、二〇〇以上の噴火口が現存する。裾野の周囲は一五〇キロ。世界遺産（自然遺産）に登録されたのは二〇一三年。富士山（文化遺産）と同じ年だった。

さて、ホテル出発は朝九時、カターニャ方向へ少し戻り、フィウメフレッドからリングァグロッサへ。エトナ山一周は時計の針と逆方向に進む。

ここはエトナ山の三、四合目になろうか。山頂へ向け北側の登山道が延びている。しかし今は冬山、登山者の姿はない。

エトナ山を巡るには、標高八五〇～九〇〇メートルの等高線に沿い周遊道路を行く。道中には、黒い熔岩や最新二〇〇二年の噴火口が見られた。斜面には岩石がごろごろするものの、この標高まで植生がある。かんきつ、オリーヴ、ぶどう畑も現れる。

山頂は見えない。山に入れば山は見えないものだ。眺めはやはり離れた海際からが良い。谷側の向こうにはモイオ・アルカンタラの集落が見えた。そのネブロディ山地では黒豚が飼われると聞く。

ランダッツォ

北麓の中心都市はランダッツォだ。タオルミーナから五〇キロ弱。周遊道路から下り、この谷間の町に立ち寄ってみた。

町は静けさのなかに中世の趣を色濃く残していた。ドゥオモのサンタ・マリア・アッスンタ教会（一三世紀、一六世紀改築）はやはり黒い熔岩に白い石灰岩。サン・ニコラ教会も正面に黒石が使われる。町なかにも黒い家々を見るが、近頃の新建材も目立つ。

寂しげな路地にこの地方の有名カフェがあった。三代続く「パスティッチェリア、アルトゥーロ」。店の本格的なリバティー様式には驚かされた。名物のアーモンド菓子パスタ・ディ・

ワイナリー入口　標柱はエトナの石積み

マンドルラを味わう。

町外れにワイナリー「テラッツェ・デレトナ」を訪ねた。ここではその近代的設備と積極経営に驚かされる。フランス産のオーク樽も導入。主力銘柄の「チルネコ」は既に「ガンベロ・ロッソ」でも高評価を得ている。スプマンテは本土のフランチャコルタを凌ぐとも。輸出はアメリカ、カナダ、日本、これからは中国だという。

試飲を楽しんだ後、赤、白、スプマンテを求め、日本へ持ち帰った。

シチリアのワインは古代に始まり、ユリウス・カエサルもこれを好んだことが知られる。プリニウスのワイン・リストでも上位を占めていた。

今でも全島で生産され、伝統品種のワインが多い。普通品のテーブルワイン（ＶｄＴ）でも時にＤＯＣものに優る品質と人気を持っている。

ここカターニャ県のランダッツォからビアンカヴィッラに至るエトナ山西麓の二〇ヶ町村では、エトナを名乗るＤＯＣワインを産する。白はカッリカンテ種六〇パーセント以上、カタッラット四〇以下。赤はネレッロ・マスカレーゼ八〇以上、ネレッロ・マンテッラータ二〇以下。前記「チルネコ」もＤＯＣワインである。

現在古くからの中小農家ワイナリーは減少している模様で、その畑を買収して大規模な近代工場が出現しているらしい。「テラッツェ・デレトナ」もその一つ。

ブロンテ、アドラーノ

ランダッツォからは南に、引き続きエトナ山の周遊道路を辿る。この辺りは標高一〇〇〇メートル前後、殺風景な道中。三〇分もすれば次の町ブロンテに到着した。

ブロンテはピスタチオの主産地として知られる。町外れの工場に立ち寄って産品を見せてもらう。ピスタチオの子実、ペーストのほか、アーモンドもあり土産物に好適だ。

沿道で見るピスタチオの畑は、それほど集約的なものではない。ぶどう畑やオリーヴ畑のような整然たる姿は見られなかった。ここには熔岩こそないものの、未だ葉をつけないピスタチオの木々が、むしろ荒涼たる印象を与えている。

いずれ、山麓の風景に豊かな顔色はない。この季節、どんよりした曇り空のためだろうか。この頃からである。曇り空から小雨がぱらつき始め、やがて本降りとなった。山の上は雪であろう。

これまでもエトナ山の頂は見る由もなかったが、視界はさらに狭まり、裾野の斜面に限られるようになった。

間もなく南西麓のアドラーノに入った。ここからさらに内陸へも交通を延ばす要衝の地だ。ここで暫く足を止め、町の教会キエーザ・マードレや城、カステッロがエトナの黒石で築かれているのを見た。

続いてビアンカヴィッラ。そしてこのまま周遊道路を進めばニコローシ。エトナ南側の登山道の入口に達するだろう。

しかし、今宵の宿に向かうためには周遊道路から下り、パテルノを経てカターニャの環状線を目指した。広大なエトナ山の裾野の真っ直中。

山麓、海岸

サン・ジョヴァンニ・ラ・プンタは、カターニャから山寄りの衛星都市で、緑豊かな昔からの保養地だ。邸館を改装した居心地の良いホテルに入った。時に午後五時三〇分。闇が迫っていた。ホテルの窓からは遠くエトナの山容と斜面に連なる灯火が望まれた。

明け方には雷鳴があった。

翌朝、エトナ山は、昨日の雪を加えてさらに冠雪を増しているようだった。

なお、ここから海岸に出たカターニャは、パレルモに次ぐ島内第二の大都市である。古い歴史を持つが、円形劇場などローマ遺跡は後代の街並みに埋もれ僅かな痕跡を残すのみ。エトナ山との因縁も古い。大噴火と大地震で再三の災難に見舞われた。現在の市街は、一七世紀壊滅の後全面復興したもので、黒い熔岩と白い石灰岩を取り合わせたモノトーンが特徴。バロックとロココ様式のそうした建物群は、カターニャならではの特異な都市景観だ。

ここからタオルミーナまでの海岸線は、エトナ山の東麓に当たる路線で、高速道路が一挙に両都市を結ぶ。

既にエトナ山の内陸を巡るコースは終わっている。陽光煌めく海辺から、長い裾を引くエトナ山が終始左側の視界にある。山からの距離が広がって初めて、雄大な全容を目にすることができた。

X　秘境・奇勝

秘境レストラン＆「美しい村」

アブルッツォ

いつ何処に行っても、食事とその楽しみは欠かせない。レストランは旅先の伴侶だ。今回、そのレストランは、山麓の斜面にぽつんと建つ一軒家だった。

一軒家レストラン

石造りの堅固な建物は、一五〇〇年代の元修道院。入口は山側に小さく開き、二階部分に導かれる。レストランは中の階段を下りた一階部分。その広いフロアは谷側に一面ガラスで大きく開かれている。

テーブルはたった七席。十分な間隔で配置される。どの席でも谷間から空までを見渡し、自然の息吹が感じられる。

食事が始まった。時間の経過とともに、遠い町の灯が瞬き、中空に満月が昇った。料理はアミューズのブルスケッタ、生ハム、野菜スープに始まり、主菜の仔羊に終わるまでゆっくりと味わう。初めての味あり、驚きあり、満足したところでシェフのニコ・ロミト氏に会った。

ミシュランでは三つ星を付け、彼の「外科的料理」を絶讃している。気鋭のシェフの独創性とピカピカの広い台所には強い印象を受けた。大きく焼き上げた堅パンを贈られ、レストランの部は終了した。

再び二階に戻ると、ここがホテル部門。私の部屋は、建物の入口に近い僧房を改修している。段差で続きの三部屋、床は粗板敷。壁、天井は真っ白で、黒い抽象画が一枚という前衛的なもの。鉄枠とガラスで仕切られた浴室は、大きなジャグジー・バスに広いシャワー室が付く近代設備だ。

ところで、このレストランの名は「レアーレ」、ホテルは「カサドンナ」である。所はアブルッツォ州の山中カステル・ディ・サングロ、サンタ・リベラータ地区カサドンナ。

カステル・ディ・サングロ

ここはアドリア海から溯るサングロ川の上流、アペニン山中の小盆地の町だ。旧市街は山の斜面に張り付いている（標高七九三メートル）。頂上には古代サムニウム族の城跡がある。

ここには内陸を縦に縫う国道が通り、曲がりなりに鉄道も入っている。人口は五〇〇〇人を下らないだろう。しかし、この地が深い山地に閉ざされている事実に変わりはない。ローマから二〇〇キロ、ナポリから一五〇キロ、州都ラクィラから一二〇キロを超える遠隔地だ。

こんなど田舎に降って湧いた三つ星レストラン。何故かと問う前に、そこを目指して旅をする価値があるというミシュラン三つ星の定義を思い出さなければならない。客を呼べる店だからそこにあるのだ。私も秘境の旅の日程に、わざわざこの地を組み入れたのだった。

この地については、あるいは未だ秘境とまでいえないかもしれない。北方のアレモーニャ高原（一四〇〇～一六〇〇メートル）とロッカラーゾは夏の避暑地、冬のスキー場で賑わう。付近のペスココスタンツォ（一三九五メートル）は、一一世紀創建の堂々たる聖堂の門前町で、伝統手工業が盛んである。

しかし、いずれも深い山の中。この地が秘境の入口であることは間違いない。

秘境ルート

本格的な秘境ルートが始まるとすれば、これからである。

先ず町を出外れて小盆地を西へ。正面に雪を戴くメータ山地（二二四七メートル）を見ながら山際のアルフェデーナに着いた。

ここは古代サムニウム族の中心地で、アウフィデーナの遺跡がある。町内にも古代から中世の痕跡を残し、深い岩淵を刻むサングロ川の岩峰に城の廃虚を見る。古い居住区を行くと、サンティ・ピエトロ・エ・パオロ教会（一三世紀）が高台に建つ。背後は山また山。

ここからは山地を直登してサングロ川の上流に進む。その先にあるのがバッレア湖。川を堰き止めた人造湖だ。国立公園が始まる。

この先は二〇〇〇メートル級の山地、本支流の源流に行き着く。一帯は美しい自然状態を残し、深い山中にはマルシカ茶色熊、アブルッツォかもしかなどの野生動物四〇種、魚類三〇〇種、爬虫類と両棲類三〇種が保護され、植物も一七〇〇種に及ぶという。

バッレア湖畔のヴィレッタ・バッレアからメータ山地へ登ると、チヴィテッラ・アルフェデーナ（一一二一メートル）に至る。一四世紀の塔の周囲に古い集落が固まり、サンタ・ルチア教会と展望台の足元にアペニン狼博物館がある。この博物館はかつて訪れることがあった。ささやかな施設だが、世界の狼、大山猫の研究を広く今も変わらず進めている。現物の飼育エリアもある。

ヴィレッタ・バッレアからサングロ川の本流を溯る道は、前回に通過したコースである。その時見逃したカモシャーラ谷を訪ねてみた。メータ山の懐に入る深い谷だ。

この谷は、国立公園のなかでも粗削りな山容の迫力で人を引き付ける。手前にある広場は乗馬などを楽しむレクリエーション基地で入山料が必要。子供連れの家族の姿がそこにあった。奥の景勝地はそれなりの準備と時間が必要だ。

ヴィレッタ・バッレアから本流を離れ、北へ分かれる道が今回の新しいコースである。本流の東側、二〇〇〇メートル級のマルシカ山地をよぎるコース。行く道はより細く、村々はより寂しいコースになるだろう。本物の秘境が待ち受ける。

「美しい村」スカンノ

先ず目指したのはパンターノ峠である。車の通行は殆どないが、道路はよく舗装され、思ったより早く峠に到着した。標高一五六四メートル。高原状の周辺に四月の雪が残り、宿泊所らしい建物も見える。

この先はカーヴの多い長い下り坂の道中だ。両側に高い山々が続く。間もなく国立公園は抜けるが、ここからがこのコースのハイライトといってよい。「イタリアの最も美しい村」に名を連ねる山村も幾つかがここにある。

そのなかで最も知られるのが、スカンノの村。標高一〇五〇メートル、人口二〇〇〇人。険しい谷の狭隘部に密集した家並みを見せる。一様に古びた美しい扉口の家々を、狭い路地や階段が繋いでいる。

サンタ・マリア・デラ・ヴァッレ教会の小広場に、伝統衣裳の女性像があった。ここの女性の美しい伝統衣裳は、イタリアのなかでも最も有名なものの一つ。編んだ髪の上に小さな帽子が斜めに載る。

村を囲む壁の外、道路を隔てた小尾根の一角で昼食をとった。レストランの名も「フオリ・ディ・ムーラ」（壁の外）。貴重な庭が付く。食事は軽食を含め各種何でも。B・Bも可。秘境レストランの一つのスタイルであろう。料理は、くるみソース入り、ズッキーニソースかけのラヴィオリが秀逸であった。

「美しい村」の効果なのか、最近旅行者も入り込むらしい。村の新しい部分には観光客やスキー客を受け入れる施設も整っている。

サジッタリオ渓谷

スカンノ湖は、ジェンツァーノ山の地滑りが堰き止めた湖。付近には昔小さな湖が多かったという。その名を留めたヴィッララーゴの村（九三〇メートル）が道沿いにあった。二つ目の「美しい村」である。

村の中央を広場のように平らな階段が通じる。傍らのサン・ドメニコ・アバーテ教会を覗くと、何人かの女性が供花の飾り付けに余念なかった。外から見て全く人気のない村にも、日々の営みがあり、これによって村が何百年も続いてきたことを知る。

さらに下る山道は、人跡稀なサジッタリオ渓谷を通過する。時に谷間が狭まり、切り立った

サジッタリオ渓谷出口からの眺望

岩壁が迫ってくる。谷底に迫り出した隘路を進む。ここは深く険阻な岩場の名勝ルートだ。

谷が開けた山腹に、アンヴェルサ・デリ・アブルッツィの村（五五六メートル）が現れる。三番目の「美しい村」だ。

等高線の道路端にあるのがサンタ・マリア・デレ・グラツィエ教会。広場には噴水があり、人々が水を汲む。山腹に住むうえで水は欠かせない。眺めは頗る良い。背景に遠い雪山、風車の列も見えた。

スルモーナまで

アンヴェルサを下り、ここで険しいマルシカ山地は抜けた。しかし、目的地のスルモーナまでなお二つの「美しい村」を残す。

ブニャーラの村は、なだらかな丘の斜面に位置している。見晴らしが利く。サンティッシモ・ロザリオ教会（一七世紀）のバロック様式など比較的新しい印象だが、一一世紀の公爵の館やマドンナ・デレ・ネーヴェ教会に古い村の証がある。

イントロダックァの村は、もう少し高い丘の上。その名からして水の豊富な地を窺わせる。堅固な塔や鐘楼が印象的。漸く発見した「古い泉」は、既に役割を終えている。噴出口も空しくただ放置された様子は残念であった。

このようにマルシカ山地の秘境の旅は、幾つもの「美しい村」を巡る旅で終わった。最後にスルモーナでのこと。

ここで一つ驚くことがあった。レストランの食事中、突然話しかけてきた外国人。私たちは記憶しないが、スカンノの同じレストランで食事した夫妻がここで私たちを見付けたのだ。

同じ日、同じコース、同じレストランを昼夜共にしたことになる。気儘に秘境を楽しむ人種は、何処の国にもいるらしい。

天空の村から洞窟都市

バジリカータ

ナポリから車で高速道路A三号線を南下する。それがサレルノを過ぎ、内陸への道を分ける手前にエボリの町がある。『キリストはエボリに止まりぬ』（カルロ・レヴィ、一九四五年）から七〇年、ここから先に今もイタリア南部の悲運は続くのだろうか。

先ずその南部で早速登場する内陸の地は、バジリカータである。古名ルカニア。州都のポテンツァは、アペニン山脈のほぼ分水嶺に位置する。ここからはターラント湾に注ぐバセント川が東へ下り、川沿いに国道四〇七号線が走っている。沿道はおおむね自然状態。交通量はぐっと少なくなる。

今日はポテンツァには寄らずこの道を下り、途中から国道七号線に移って久々のマテーラを目指すことにする。

それに合わせて、今回是非訪れてみたい村が二つ、その途中の山中にあった。「イタリアの最も美しい村」にも登録される天空の村である。

カステルメッツァーノ

国道四〇七号線から南へ直ぐの山道へ入った。冬枯れの山野に僅かな緑が見える。行く手は想像以上に奥深い山また山である。一つの尾根に取り付いて、その峰へ登り詰める山道を辿った。およそ三〇分、行き着いた先には意表を突く風景が待っていた。

山頂は鋭い裸の岩山で、その肩に重なり合って家並みが張り付いている。ここがカステルメッツァーノの村（標高七五〇メートル）だ。

下界から隔絶し、天に近いこんな場所に孤立して、八〇〇人もの人々が住む、古代ギリシャ人に追われた先住民ルカニア人の子孫だろうか。

言い伝えでは、ここに一〇世紀ノルマンの城が建てられた。他との中間の城、という意味でこの村名があるという。だとすれば、住民はその防人の子孫だろうか。

私のなかでは謎のまま、奇観ともいえるこの風景の前に立ち尽くした。

村に入ると小さな広場があり、小さなバールで休憩した。主人は普通に愛想よく応待してくれる。狭いフロアでは老人が四人のんびりトランプを囲んでいる。地上の情景と変わるものではない。

やはり、村を取り囲む異形の大自然がこの村を独特のものにしている。一帯は「ルカニアのドロミティ」と呼ばれ、剝き出しの岩峰があちこちに見られる。国立自然公園にも指定される。

秘境の名に値するだろう。

ピエトラペルトーザ

もう一つの村ピエトラペルトーザもこの地域にある筈だ。

そういえば、カステルメッツァーノから大きな谷を隔てた遥かな峰に、奇怪な岩山と建物のシルエットが遠望された。あれがピエトラペルトーザに違いない。見当を付け、おおよその方角へと山腹の道を回り込んで進む。狭い山道は林を抜け、原野も越えて何処までも続く。すれ違う人も車もなく、ただ行く手を塞ぐ羊の群れに出会っただけ。

そして漸く辿り着いたピエトラペルトーザ（一〇八八メートル）は、これまた圧倒的な光景を見せた。

尾根筋そのものが巨大な一枚岩から成り、その肩に赤い屋根を連ねた一つの村落が密集する。その下は、急な山腹が谷へ落ちる。

村内では、等高線のメインストリートが一筋。そこから左右に上り、あるいは下る狭い路地や階段が入り組み迷路となる。少し歩くとホテルがあり、レストランもあった。野菜の行商が下界から来ている。人出も結構あってにこやかに挨拶してくれる。ここでゆっくりと時間を過ごした。

天は大きく開け、山々の眺望は何とも快い。暫く滞在してみるのも楽しかろう。

しかし、マテーラへの日程を考えると、そろそろ山を下りなければなるまい。下界への道は来た道と違い、つづら折りながらよく整備された最近の道である。国道四〇七号線まで三〇分。秘境の余韻のまま先を急いだ。

マテーラ

一方、ポテンツァからはバセント川左岸の段丘上を国道七号線が走っている。沿道には幾つか鄙びた町が点在し、古道の趣がある。古アッピア街道だ。ターラント湾に近づくと四〇七号線からの道を合わせて北に転じ、マテーラに達する。

マテーラは、グラヴィーナ川が深い渓谷を刻んだ台地にある。石灰岩から成るカルスト地形だ。中心街は一七世紀頃から建設された山上の新しい町。

マテーラのマテーラたるゆえんは、台地の斜面を埋め尽くす圧巻の洞窟住居群にある。この区域が古に発祥したサッシ地区で、それは驚異の景観というほかはない。

サッシ地区ではこれまで、富裕な住民が中心街に移住した後も、原始的住居に貧困層が取り残された。それが、まさに南イタリアの後進性の象徴となった。それを解消すべく一九五〇、六〇年代には強制移住が行われ、ここは完全に無人化する。

しかし、これをただ不本意な過去として葬り去ることはできない。一九九三年、新石器時代から集積したこの人類の足跡が世界遺産に登録された。

サッソ・カヴェオーゾ地区　手前はサン・ピエトロ・カヴェオーゾ教会

私が前回訪れたのは、その直後のこと。サッシ地区の保存、再生計画が頻りに練られていた。今回は一両日ここに滞在して、あちこちその後を巡ってみたいと思う。

中心街から延びる尾根の頂上に、この町のドゥオモ（一三世紀）がある。この尾根の裏側の斜面がサッソ・カヴェオーゾ地区、表側の谷間がサッソ・バリサーノ地区。見所は二分される。

洞窟ホテル

宿泊はサッソ・カヴェオーゾ地区。深いグラヴィーナ渓谷に臨む斜面に、洞窟住居を転じたホテルが誕生していた。ホテル「サンタンジェロ」。地区の底辺、崖沿いの道に入口があり、背後の洞窟住居を幾つか結び客室としたもの。

客室はそれぞれ独立した石造り。天井アーチの内部は小綺麗に仕上げられ、間接照明で寛げる。

十分広い浴室の設備も良い。何より窓から眺めるここの寂莫たる夜景が良かった。入口から客室までは坂道の路地ないし階段で、出入りのたびここを往復した。夜道は特に気を付けながらの上り下りだ。

それにしても、あの不衛生で見捨てられたサッシ地区がこのように再生していようとは。計画は順調に実現しているようだ。

サッシ地区の外観は保存され、さしたる変化はない。ホテルの前方は広場、そこにサン・ピエトロ・カヴェオーゾ教会（一七世紀）が建つ。教会は深い渓谷の崖っぷちに昔と変わらぬ姿を見せ、大きな不毛な風景と不思議に調和している。

洞窟教会、洞窟住居、洞窟レストラン

広場の背後に峻り立つ岩山は、頂上にサンタ・マリア・イドリス教会（一三世紀）。岩山の頂を刳り抜いた洞窟教会だ。

一方、広場の奥から谷沿いの道を辿ると、サンタ・ルチア・アレ・マルヴェ教会。古い彩色壁画の跡を残す洞窟教会だ。

洞窟教会は、マテーラ全域で一三〇を数える。八世紀以降東方の修道僧が集団で移住、地下建築工法も広まったらしい。教会内部の構造や壁画装飾はビザンティンの影響を受けている。

ここには、昔の生活を再現した展示用の洞窟住居もある。ヴィコ・ソリタリオの住居は、

一九五六年まで実際に使われたもの。家具や生活用具類が事細かく配置され、同居したろばの模型も加わる。解説のパンフレットは伊、英、仏、独、西、日、露、中の八ヶ国語。

サッシ地区の整備は、以前より明らかに進んでいた。

サッソ・バリサーノ地区は、ドゥオモの帰途足を踏み入れてみた。ここでも洞窟住居を様々に活用する試みがあった。谷間の対岸にはサン・ジョヴァンニ・バッティスタ教会（一三世紀）。界隈は特別古色の趣がある。

一方これに続く新市街は明るく、意外に立派な広がりを見せる。バジリカータの僻遠の県都たる役割を担っているのだ。

一夜、サッシ地区にレストランを探して外出した。結局宿に至近のレストラン「フランチェスカ」の客となった。内部は岩山を穿（うが）った洞窟レストラン。

中心街は別として、ここに本格的レストランが現れたことは想像外のこと。仔羊や仔豚の肉料理が良く、地元アリャーニコ種のワイン（赤）にも満足して、マテーラの進化を十分見届けた気分になった。

帰途、サン・ピエトロ・カヴェオーゾ教会の広場の夜の闇に、南国の星が瞬いていた。

大いなる山塊の彼方

サルデーニャ

サルデーニャ島の真ん中東寄りを占めるジェナルジェントゥ山塊（最高峰ラ・マルモラ、標高一八三四メートル。ブルンク・スピーナ、一八二九メートル）。この島で最も奥深い未知の山岳地帯だ。

雄大な尾根に禿鷹が舞い、野生の羊ムフロンが群れる。山肩から中腹は牧場、さらにオークや栗林に覆われ、下れば痩せた畑地やぶどう畑が広がる。

ここでは主に牧羊が先史ヌラーゲ時代から営まれた。羊飼いの厳しい生活と閉鎖社会が特有の文化を育てたといわれる。

旅のコース

この一帯の地方がバルバジエ（三地域がある）で、南にバルバジア・ディ・セウーロ、南西にバルバジア・ディ・ベルヴィ、北にバルバジア・ディ・オッロライ。北西はマンドロリサイと呼ばれる。

山塊の東側は、石灰岩の高原が点在するオリアストラ地方。その先はティレニア海に開ける。

今回の旅は、バルバジアの南からオリアストラ地方を回り北へと辿るコースをとる。先ず海岸まで一日で踏破するには、バルバジア・ディ・セウーロに近い島の中央部に出発点の宿を定める必要があった。


そこは、幹線カルロ・フェリーチェ道に沿うサンルーリからオリスターノ寄りのサルダラの地。サルダラの旧村から三キロの地にミニ・リゾート「サルデーニャ・テルメールホテル・スパ」があった。ここでは重炭酸ナトリウムを含む五〇度の温泉が湧く。先ずはここで一泊。

翌朝は旧村に入り、サンタナスタジア小教会と同名の神殿跡（前九、八世紀）に立ち寄った。神殿はヌラーゲ時代の井戸型の遺構で珍しい。

バルバジア・ディ・セウーロ

サルダラから東方バルバジア・ディ・セウーロに向かう。トレシェンタ地方を通過。ここはヌラーゲの密集地帯の一つで、バルーミニでは最大級のヌラーゲ・ス・ヌラクシが知られる。次にバルバジアへの入口マンダスへと進む。ここではカリアリから来た鉄道路線（一八八八年開通）が分岐し、ジェナルジェントゥ山塊の東と西へ路線を延ばしている。人はこの島の中原カンピダーニ平野から異郷バルバジアの山地へと足を踏み入れるのだ。

マンダスの駅舎には、昔日の賑わいはなかった。時代の変化から山岳鉄道の斜陽振りも明らかだ。東の海岸アルバタックスまでの直通便はなく、セウイまでの定期便以外、観光用の「緑号」が宣伝されていた。

険しい山間を細々と縫いながらも、この先の道路事情はよほど改善されているらしい。鉄道ではなく、車をこのまま先へ進めることにする。

丘陵地帯を登ると、草原に羊や牛の群れ。ヌッリの集落の先ではフルメンドーサ湖の眺めが良い。景勝路線だ。湖の中洲に下り、レストランで休憩。水面を渡る風に身を任せた。

ここからは大山塊の直中へ鉄道路線と付かず離れず進む。湖尻を回り込み、くねくねと山中の道を辿ると、バルバジア・ディ・セウーロの領域に入った。道端にはコルクの製材所。

この地方の中心がセウイ（八二〇メートル）の村である。広大な山腹に位置して眺望が良い。一筋の道を挟む稠密な家並み。農業・牧羊・手工業・鉱山・移民博物館がある。

村一番と聞くレストラン「マムラータ」に入った。店内は老主人と地元の男客。飾り気はないが、料理は特産のクルルジョネス（餃子風のパスタ）が思いがけず美味であった。

大山塊の南面をくねくね上下する山道はこの先も続く。大きな谷が開く傾斜地にガイロの廃村があった。大雨に流され、そのままの姿で打ち棄てられている。その先に再建されたガイロの新村からまた谷を登り返し、漸く深い山中を抜けた。

ここまであらゆる角度のすべてが、大山塊の懐であった。

アルバタックスの赤い岩壁

オリアストラ、アルバタックス

漸く到着したのは、初めての大きな町ラヌゼイ(五九五メートル)。天辺にある至聖所の広場から今までと全く違う視界が開けた。東の海岸線とアルバタックスに至るオリアストラ地方が一望の下にある。その風景のなかから新しい風が吹き渡ってくる。

今見た風景のなかを一路下り、目的地のアルバタックスを目指した。

アルバタックスは、ちょっとした海の秘境リゾートである。「アルバタックスの赤い岩壁」がベッラヴィスタ岬とそれに続く斑岩の入江を特徴づける。辺りには公園。ホテルと海水浴場がある。

「モンテ・トゥッリ・ラグジュアリ・リゾート」に投宿した。岬の高台から海を見下ろす美しい立地にある。スリランカ人のポーターが、滅多に見ない仏教徒を迎えたと喜んでくれた。

テラスのレストランは海の幸尽くしで、たこ、いか、手長えびのほか、酢漬けの片口いわしが殊のほか良い。白ワインは近辺のDOCヴェルメンティーノ・ディ・ガッルーラ。魚介類によく合う。風爽やかなテーブル席と見事な景観も御馳走のうちであった。

ところで、この岬の頂上はミリタリー・ゾーンでヘリポートもある。それに海洋警察の灯台と測候所。その名のベッラヴィスタ（美景）は期待外れだった。

ドルガリへの山岳路線

さて次の日は、オリアストラからバルバジアの北部に至るコースだ。

先ず海岸線を北上する。海岸線といっても、内陸に食い込んだ山岳路線。海陸のダイナミックな風景には、ミシュラン・ガイドも数少ない三つ星を付けている。

バウネイ（四八〇メートル）の村からは石灰岩のゴルゴ高地に登り、深さ二九五メートルに及ぶ「ゴルゴの深淵」を見た。

ジェンナ・アッラメネの展望台（五九〇メートル）からはオリアストラ地方のパノラマを振り返る。

高原の道、山腹の道が続き、草原に馬や山羊、仔山羊の群れも見える。

ジェンナ・シラナ（一〇一七メートル）では、視界に一際白い石灰岩の世界が現れた。雪山と見紛うソプラモンテの山塊と、眼下にはフルミネッドゥ川、その川が高さ四〇〇メートルもの深淵を刻むス・ゴッロップ峡谷の光景。壮観な峡谷はヨーロッパ有数のものだ。

こうして、アルバタックスからドルガリまで七〇キロ余り、三時間の行程を終えた。

ドルガリ

ドルガリは、海から一皮内陸に入った農業の町。メインストリートに沿って商店や手工業の工房が並び、そこだけの賑わいを見せる。

昼食は町から引き返すかたちで、海岸のカラ・ゴノーネに下った。オロゼイ湾に面する海水浴場だ。ブエ・マリーノ（海牛）の洞窟など珍しい名所がある。

私たちの目当ては海辺のレストラン「イル・ペスカトーレ」。海の幸はいわずもがな、食卓のパン、パスタの話に花が咲いた。

パンは、あの「カルタ・ディ・ムージカ」（音楽の紙）。薄い紙状、食べるとパリパリ音がする。その正式名は「パーネ・カラザウ」。カラザーレ（サルド語、イタリア語ではトスターレ）から来た言葉という。サルド語が幅を利かせている。

パスタはフレゴラ・サルダ。サルデーニャ特有の粒状のパスタだ。観光地のレストランだが、老舗の味は確かなものだった。

ドルガリで訪れたのは、町立の考古学博物館である。ここでは付近の著名な遺跡、セッラ・

オリオスとイスピニゴリの出土品が展示され、興味深い。

この足でその二つの遺跡を訪ねた。

セッラ・オリオスのヌラーゲ集落は、先史時代の重要な複合構造物。公道から長いアプローチを抜けた先に、石造りの住居跡七〇余と石垣で囲まれた小神殿二ヶ所の区域を見る。

イスピニゴリの洞窟は、イタリアでも最大級のもの。一時間ごとにガイド付きツアー（イタリア語、英語）が出る。巨大な竪穴で、別名「乙女の奈落」。上段のホールは高さ三八メートルの巨大な石筍に支えられ、非公開の下段では深淵からフェニキアの宝飾品（ドルガリの博物館で見たもの）が発見された。若い娘たちが生贄にされたという伝説が残る。

ス・ゴロゴーネの泉

さて、この旅の最後の宿泊地は、ソプラモンテの山中と定め、西へヌーオロに向かう道を辿った。

チェドリーノ湖の先、支流のファターレ川の渓谷にカルスト湧泉ス・ゴロゴーネがある。谷を塞ぐ巨大な岩を割って出る清流の景勝地だ。この付近の尾根と谷を生かして、泉と同名のリゾート・ホテルが営まれていた。

ホテルの裏手の尾根からは、白く輝くソプラモンテの峰が間近に見渡せる。客室は高低幾つかの区域に分かれ、離れ家風の半露天風呂付き。売店など各種施設も山内の敷地に点在する。

眺めの良いレストランは、本格的なサルデーニャ料理を供する。面白いことに、メニューは英、独、仏語に加え、イタリア語でなくサルド語が記される。この奥地でサルデーニャらしさがいや増すのがよい。

ここには暫く滞在するが、難点は、人里離れた山中で気晴らしの軽食にありつけないこと。ピッツァなどはない。それに開放的な空間でしばしば藪蚊にやられることだ。

この宿を拠点に近在にも出かけてみた。少し足を伸ばせば、バルバジア・ディ・オッロライの中心都市ヌーオロに至る。

バルバジアを南から北へ、ジェナルジェントゥ山塊を東回りで巡る旅は、一先ずこれで完結する。

美の系譜

「ルドヴィシの玉座」の「ヴィーナスの誕生」(199 ページ)

XI　ヴィーナスとマドンナ

美神巡礼

トスカーナ、ラツィオ、カンパーニャ

御無沙汰のウフィツィ美術館を訪ねた。近年ますます混雑するなか、このところ足は遠のいていた。

第一回廊（第一〇〜一四室）の人垣は、やはりフィレンツェ・ルネサンスの象徴ともいえるあの作品の前にあった。ボッティチェリの「ヴィーナスの誕生」と「春の寓意」。

ルネサンスの絵画といっても一般に宗教画で、それは注文主が教会や聖職者だったため当然のこと。また一方、富裕な商人や知識層が異教的あるいは世俗のテーマを求めたことも、この時代の流れである。

ルネサンスのヴィーナス

文芸復興の波は、フィレンツェでメディチ家と新プラトン主義のサークルによって盛り上がり、美術の世界に及ぼされた。

ヴィーナスのテーマも図像学も、そのなかで生み出された。ボッティチェリが鮮やかに描き出したヴィーナスについても、その来歴や図像の研究が様々になされ、興味深い。

一説によれば、その「誕生」と「春」、二つの作品は一対のものとしてメディチ家の一族から注文された。趣旨は一四八二年の結婚祝いで、描かれたテーマや登場人物が新プラトン主義の思想を反映している。

それは、愛と美の女神ヴィーナスが二重性を持ち、天上のヴィーナスは天使の知性で神の美を観照する、地上のヴィーナスは宇宙の魂で物の美を産出するというもの。作品の「誕生」は天上のヴィーナスの到来、「春」は地上のヴィーナスの治世を表す――。

このような見解が何処まで正鵠を得たものか知れないが、古代のヴィーナスがルネサンス期に訳あって復活したことは間違いない。その見事な復活が、この絵画をしてルネサンスの象徴たらしめたといえよう。

新プラトン主義ではまた、ヴィーナスはフマニタス（人間性）を象徴するものとした。ルネサンスが人間性の復活を目指したとすれば、これに最もふさわしい。

古代のヴィーナス

それでは、古代に溯ってこのヴィーナスに見参したいものである。それは女性として特徴づけられた姿で美術の題材になっていた。

同じウフィツィ美術館第一回廊の特別室トリブーナに美しい彫像「メディチのヴィーナス」がある。一六八〇年ティヴォリのハドリアヌス帝の別荘跡で発見されたもの。これはヘレニズム時代の作（前一世紀）で、そのポーズや作風からみてギリシャ古典古代（クラシック期）プラクシテレスの作品（前四世紀）を模刻したものとされる。

また、ヴィーナスといえばルーヴル美術館の「ミロのヴィーナス」が想起されよう。ギリシャのミロ（メロス）島で一八二〇年発見されたもの。これはヘレニズム期のオリジナルとされるが、クラシック期に溯る説もあるらしい。

クラシック期の前期には、ヴィーナスはいつも着衣像で表されたという。プラクシテレス以降裸身像が主流になった。プラクシテレスの作は現存しないが、有名なものの一つが「クニドスのヴィーナス」で模作がヴァティカンのピオ・クレメンティーノ博物館に残る。裸身像は「ウェヌス・プディカ」（恥らいのヴィーナス）のポーズで、後世もそれを踏襲する。

現代に多く残る古代のヴィーナス像は、ギリシャのオリジナルをローマ時代に模刻したものである。ローマ人はギリシャ文明に憧れ、神々から美術に至る忠実な模倣や摂取、同化、継承が行われた。

ローマでは、ヴィーナスはウェヌスで、元々イタリアの神であったらしい。菜園の守り神で美しさ、愛らしさの意味を担った。ウェヌスはやがてギリシャのアフロディテと同一視される。アフロディテ像はウェヌス像に模刻され、今日に残されたのだった。

ウェヌス即ちヴィーナス像は、イタリアの主な博物館で幾つも目にすることができる。

ローマのヴィーナス

ローマで、私が最初目にしたのは「カピトリーノのヴィーナス」だった。カンピドリオの丘にあるカピトリーノ博物館（新館）でのこと。ここには収蔵作品の大部分を占めてギリシャのオリジナルに基づく模刻品が揃っている。ヴィーナス像は、「クニドスのヴィーナス」から派生したヘレニズム作品の模刻。

同じくコンセルヴァトーリ館博物館では帝政末期の「エスクィリーノのヴィーナス」を見る。

しかし、これまでに私の最も心引かれた作品は、「ルドヴィシの玉座」（国立博物館アルテンプス館）の「ヴィーナスの誕生」。

最初目にしたのは、ディオクレティアヌス浴場跡の博物館だったが、国立博物館の再編で今の場所に移された。ここには機会あるごとに訪れることにし、このたびもまた足を運んでみた。「玉座」は、前五世紀のギリシャ植民都市ロクリから出た謎の石造物。ルドヴィシ家の敷地から出土した。三面あるなかの正面に刻まれるのが「ヴィーナスの誕生」（浮き彫り）である。海から出ようとするヴィーナスが左右に腕を挙げ、両脇から二人のニンフが腕を差し伸べている。対称的な肢体と腕の交錯。構図の妙に加えて、柔かな肢体と透けて見える薄衣の質感が見事に表され、素材の石を忘れさせる。

両側面の浮き彫りは、それぞれ花嫁（着衣）と笛吹き（裸身）。腰を下ろし、膝を立てた側面像だ。これらも美しい造形である。全体の寓意、「玉座」の用途は不明だが、取り合わせの調和と美しさに見飽きることがない。ここでは時を忘れる。

このなかのヴィーナスは、薄衣が濡れて素肌に密着するが、未だ着衣のヴィーナスである。クラシック前期のオリジナルと目されるのが計り知れない価値であろう。

ルドヴィシ・コレクションは、古代美術の宝庫である。枢機卿ルドヴィコが一七世紀別邸の装飾のため収集した。このなかに立像の「クニディアのヴィーナス」、膝を折った「屈めるヴィーナス」（二世紀前半）もある。

ナポリのヴィーナス

次に、ナポリの考古学博物館。ここにも時々足を運ぶ。南イタリア旅行の途中、先頃もここを覗いてきた。

ここはポンペイやエルコラーノから出土した彫刻やモザイクのほか、膨大なファルネーゼ・

「シヌエッサのヴィーナス」

コレクションで知られる。

コレクションは、ナポリ王となったブルボン家のカルロ三世が母方のファルネーゼ家から継承したもの。代表的な「ファルネーゼの牡牛」、「ファルネーゼのヘラクレス」などのほか、多くの彫像のなかにヴィーナス像がある。

「美しい尻のヴィーナス」は、ローマのドムス・アウレア（ネロの黄金宮殿）から出た。一七世紀の模刻。その名のとおり後ろ向きのしなやかなポーズが魅力的だ。「カプアのヴィーナス」は、カプアの円形闘技場で発見された。前四世紀の原作を二世紀前半模刻したもの。「ミロのヴィーナス」と同じとされるが、こちらは左右の腕が完全な姿。

こうしたなか、ナポリで最も私の関心を引くのは「シヌエッサのヴィーナス」である。

これはコレクションの外で、博物館の廊下に一見無造作に並べられている。最初見た時は窓側、今は壁側に。足元の表示は「アフロディテ像。シヌエッサ、モンドラゴーネ。ローマのヴィラから出土」とだけ。

首と肩、両腕を欠き、片胸も損傷する立ち姿。肌も上等な大理石ではない。しかし、地に足の付いた存在感、内に生命を感じさせる肉体美は神品を思わせるものがある。

これを当初私に気付かせたのは、和辻哲郎の『古寺巡礼』（一九五〇年）。間違いなくこれはギリシャのオリジナルだと激賞している。ヘレニズム時代の模刻かオリジナルか、どちらであれこの名作に一室を与えたい、と私は思う。

さて、ナポリからポンペイまで足を伸ばすと、ポンペイの遺跡の一画にまた「ヴィーナスの部屋」を見出す。昔の市民も私邸をヴィーナスで飾っていた。

列柱で囲まれた広い中庭の家で、壁画のヴィーナスは海に浮かぶ大きな貝殻の上に裸身を横たえている。ボッティチェリのヴィーナスと同じ情況、違った趣向であるのが面白い。

ヴィーナスの本家はアフロディテのギリシャだとしても、本場はウェヌスのローマ、イタリアである。ヴィーナスを訪ねてさらに行脚を進めれば、各所にその美しい痕跡を見出せることだろう。

南限はシチリア、シラクサの州立パオロ・オルシ博物館。よく知られる「ランドリーナのヴィーナス」がある。

近代のヴィーナス

再びフィレンツエ、ウフィツィ美術館。

第三回廊にティツィアーノの一室（第二八室）がある。ここに「ウルビーノのヴィーナス」（一五五〇年頃）を見る。

画面にはもはや新プラトン主義のヴィーナスはなく、神話から現世への移行が完全に行われたかにみえる。

世俗のヴィーナスは愛欲の隠喩となり、世界至る所でその美しさに磨きがかかっていく。

一方、同じフィレンツェのピッティ宮パラティーナ美術館に「イタリアのヴィーナス」を見る。これは古代の創造的復活ともいえる作品。

その曰くは、ナポレオンによってウフィツィからルーヴルに持ち去られた「メディチのヴィーナス」の代替に、一八一〇年アントニオ・カノーヴァに委嘱されたもの。後年ナポレオン没落で旧に復した際、この作品はピッティの「ヴィーナスの間」に収められた。

「ウェヌス・プディカ」の美しい像である。

マドンナ考

トスカーナ、シチリア

イタリア語の「マドンナ」は、いうまでもなくキリスト教の聖母である。日本語でもそうに違いないが、俗にそれが美人や恋人の意味に転じているのも妙味である。

本場のイタリアでは、キリスト教美術のうえで、聖母は数限りなく描かれ、時代とともに多様な作風を見る。そのなかで、聖母の身にはやはり大きな変化、変遷が起こっているようだ。

聖母像のいろいろ

振り返ってみると、聖母崇拝が盛んになったのは中世も漸く一二世紀頃から。ロマネスク期の教会の多くは聖母に捧げられ「サンタ・マリア」を名に冠する。また中世後期以降、聖書物語の一場面あるいは礼拝像として聖母が頻りに描かれるようになった。

物語としては、聖書の記述は意外に少なく、外典や黄金伝説といった文学が題材となる。それは聖母の誕生に始まり、受胎告知、キリストの幼児期に及ぶもの。また間をおいてキリストの死後、聖母の死、被昇天、天上の戴冠となる。

礼拝像としては、代表的なものが聖母子像であろう。聖母子像は、有名、無名画家による作品が教会に、美術館に、街角に、家庭にと国中に溢れるといっても過言ではない。

こうした画面の聖母に大きな変化のあったのは、ルネサンス期。

ルネサンス期の傾向は、堅い厳かな聖母から柔和な優しい聖母への変化である。聖別された象徴から血の通った女性への転身でもある。宗教画のなかに聖性から人間性への移行があった。それが聖母に永遠なる女性像を求める源流となる。

しかし、聖母の身に起きた変化は、一朝にして成るものではなかった。例えば、ウフィツィ美術館の一室に一三〇〇年前後の聖母子像三点の大祭壇画がある。チマブーエ、ドゥッチョ、ジョットの「荘厳の聖母」。これに対し、同館の別室でラファエロの「ひわの聖母」（一五〇七年）を見ると、そこに二〇〇年の開きがある。

ラファエロの作品では、祭壇から市井に降った聖母が惚れぼれするばかりの永遠の姿を留める。永遠なるが故に、以後五〇〇年経った今日も色褪せない。

さて、ルネサンス期、数知れぬ聖母像のなかに、聖母がキリストや家族、天使や聖人と離れ、聖なるものとして単身登場する場面がある。作例として決して多いものではないが。

実は、このなかに私がこれまで最も深い感銘を受けた聖母像がある。その二、三点を挙げてみよう。

「ミゼリコルディアの聖母」（ヴェスプッチ礼拝堂）

慈悲の聖母

一つはギルランダイオの「ミゼリコルディア（慈悲）の聖母」。

フィレンツェのオンニサンティ教会は、同名の広場に一二五一年に建設、その後改築された。回廊付き中庭と修道院が隣接する。ここにはボッティチェリとギルランダイオの作品があり、時々訪れてみる。

ボッティチェリはこの付近に住み、落魄の死後この教会に葬られた。パトロンだったヴェスプッチ家の祭壇前にその墓がある。

このヴェスプッチ家の礼拝堂が右側廊の入口近くにあり、その上段半円部のフレスコ画に本題のこの画面がある。一四七〇年頃ギルランダイオの作。一九世紀末に塗り壁の下から発見された。

中央に両腕で大きくマントを開く聖母が立ち、

マントの下に跪く一族を庇護する図像である。戦争や疫病特にペストの災いから一族を守ってくれるのだ。

この画面では、両側の天使にマントの端を持たせ、聖母の腕は指先まで優しい曲線で人々の頭上に翳（かざ）される。伏目の聖母の無垢な表情、人々の仕草や風俗も印象的。聖母の白、空の青、マントの濃緑。それに人々の着衣の赤、橙などの配色が、この真摯な場面を美しくする。一族のなかには、あのアメリゴ・ヴェスプッチもいるらしい。描かれた一二人中、聖母の右手に男性が六人、そのうち直近の若者がその人であるという。

慈悲の聖母の主題は、社会不安を背景に当時は多く描かれた。私の知る美しい絵の一つは、ほかにピエロ・デラ・フランチェスカの作品。それはピエロの出生地サンセポルクロの市立美術館で、ミゼリコルディアの多翼祭壇画中その中央の区画に描かれる。

これはミゼリコルディア同信会から発議されたもので、一四六〇年初頭ピエロが最後に描き入れた部分とされる。そこには金地の背景という課題があり、一際大きな聖母と暗色のマントが厳かでモニュメンタルな効果を出している。聖母の衣服は赤、跪く男女各四人の姿は小さく、しかし細密に描かれる。

慈悲の聖母は、礼拝の具体的、切実な動機に応えるものとして、聖母崇拝を一層揺るぎないものにしたと思われる。

出産の聖母

聖母が一人立つ礼拝像その二は、同じくピエロの「プラート（出産）の聖母」。これは妊娠中の聖母を描く極めて異例なもの。登場人物は聖母以外、二人の天使のみ。画面は、お腹の大きな聖母が左右の天使の開くダマスク模様の天幕の下に立つ。表情もポーズも自然で悟り澄ました趣。ある種の威厳が備わっている。二人の天使は一枚の下絵を反転して描かれ、その左右対称が画面の儀式的性格を強調する。

このフレスコ画は、一四五〇年代、ピエロが母の故郷モンテルキのために描いたもの。元々墓地の礼拝堂に描かれたが、近年修復され、新設された専用の美術館に移された。モンテルキは、サンセポルクロに近いトスカーナの片田舎である。この絵はどんな貴族や権力者の用にも無縁のもの。草深い庶民の素朴な信仰あるいは俗信に寄り添っているところに大きな価値があると思われる。

受胎告知の聖母

最後に、聖母がたった一人描かれた極め付きというべき作品がある。

これは遠くシチリアのパレルモにあって、最初に出会った時の戸惑いは忘れられない。場所はアバテッリス館（一五世紀末）の州立美術館。ここには一五世紀中頃のフレスコ画「死の勝利」などもあって、折をみて訪れる。

件の作品は「受胎告知を受ける聖母」（一四七六年頃、板絵）。アントネッロ・ダ・メッシーナの作。

およそ受胎告知図のなかで、聖母一人だけが登場する絵画など例を見ない。大天使ガブリエルはおろか、白百合やその他定番の付属物は一切なし。聖母にしても頭上に聖なる金環や円環を欠く。

そこにあるのは、黒地一色を背景に、斜め前方を注視する青いヴェールの女性像。顔立ちもリアルで、理想化されたものはない。机上の書物を前に両掌を揃え、一方を下前方に開く。

こうした姿が大天使の出現に際してのポーズか、あるいはお告げを聞き終わってのポーズなのか、情況は知れない。しかし、受胎告知が物語の世界でなく、この世の生身の人間の上に起きていることが伝わってくる。

何の予備知識もなくこの絵を見ると、一人の若い女性の肖像画、知的で敬虔な面立ちの普通のシチリア娘の姿と見紛うかもしれない。しかし、彼女の視線と手の動きは不可思議で、そこに何らかの物語を感じ取ることもできる。そして作品の表題を知って納得し、それにしても意表を突かれた驚きが暫く残るのだ。

聖母信仰の本場イタリアには、聖母像の広がりや数ばかりか、高い技量が生み出す優れた作品が多い。

聖母一人を描く特異な図像を少し紹介してみた。巧まずして個性に満ちた聖母ばかり。そして例外なく、現代人の心情にも響く普遍の祈りが濃厚に込められる。私も思わずそれに感動したのだった。

XII　美術探訪

名画の里巡り

トスカーナ

文芸の復興、美術の革新。フィレンツェ・ルネサンスの新しい波は、広く世界に伝播した。しかしこの輝かしい時代も、同時に周辺諸国との激しい戦国時代だった。

トスカーナでは、フィレンツェが近隣諸国と争い、勢力を拡げていく。戦争ばかりではない。アレッツォの併合には四万スクード金貨が支払われたとも聞く。一三八三年という早い時期で、シエナより二世紀も前に、アレッツォはフィレンツェの支配下に入った。

このフィレンツェ周辺の地で、ルネサンスを代表することになる偉大な画家の一人が黙々と画業に勤(いそ)しんでいた。

アレッツォ「聖十字架伝説」

アレッツォは、フィレンツェ同様古代に溯る歴史ある都市だ。特に一一世紀のコムーネ時代から由緒ある教会や街並みを整えてきた。多岐にわたる著名人も輩出した。古代のガイウス・メチェナス（メセナの始祖）に始まり、当代のペトラルカ、ヴァザーリ、アレティーノなど。

このアレッツォに、何回目かの足を運んでみた。

先ず訪れるのはサン・フランチェスコ教会である。一三世紀に建てられ、正面は未完成。内部は単廊式、飾り気のないゴシック様式と壁面に残るフレスコ画の雰囲気が良い。

お目当ては、主礼拝堂全面の壁を埋めるあの連作フレスコ画で、ピエロ・デラ・フランチェスカの「聖十字架伝説」（一四五二～六四年）。ルネサンス絵画の金字塔の一つ、ピエロ畢生（ひっせい）の大作である。

これまでいつ来ても、何処かの箇所が修復中で全面を見ることができなかった。今回は漸く完全修復後の姿を間近に鑑賞することができた。鳥肌が立つというのか、これこそが現場、無二の空間と光から直に伝わる絵の力だ。

なお、イタリアで是非見たいものを一度で見られるのは幸運といってよい。絶えざる修復もあれば閉鎖もある。本当に見たいものは何度でも足を運ぶ。すると御褒美がある。

ピエロの作品は、アレッツォではドゥオモの左側廊、聖具室の扉近くに「マグダラのマリア」がある。鮮やかな色彩は今も変わらない。

アレッツォ市街

ドゥオモは、傾斜した市街地の一番の高所に建っている。一三世紀から一六世紀初頭の建築。内部はトスカーナの芸術家たちの手で飾られる。

ドゥオモに向け市街を上るメインストリートは、コルソ・イタリア。古くコムーネ時代からの重厚な建物や店舗が軒を連ねる。

サン・フランチェスコ教会からこの通りに出て、ドゥオモを目指す途中には、サンタ・マリア教区教会（一二世紀初頭）を見る。トスカーナでも有数のロマネスク建築で、主祭壇にはピエトロ・ロレンツェッティの多翼祭壇画（一三二〇年）。

アーチと小開廊を持つこの教会の美しい後陣は、グランデ広場の低い一辺に臨んでいる。別名ヴァザーリ広場。高い一辺にヴァザーリの設計したロッジェ館（一五七三年）がある。四辺を歴史的な建物に囲まれたこの広場では、六月末に伝統行事サラセン馬上槍試合が催される。

アレッツォを都市として眺めることも、今回の収穫であった。背後の山地アルペ・ディ・ポーティは東方テヴェレ川水系との分水嶺で、その西端の斜面にアレッツォは位置する。前面にはアルノ川が大きく湾曲し、北上する上流カゼンティーノ地方と南下する支流キアーナ谷の平地が連坦する。

近世低迷していたアレッツォが発展を始めたのは、一九世紀ローマ・フィレンツェ間の鉄道が敷かれてからのこと。駅を中心に近代地区が生まれ、第二次大戦後、工業の発展に伴って平地に市域を広げた。

モンテルキ「出産の聖母」

さて、ルネサンスの巨匠ピエロ・デラ・フランチェスカの故郷は、ここから遠くない。後世その画業が注目されるまで、彼はこの地方のローカルな画家に過ぎなかった。

ピエロの出生地は、トスカーナとはいえアレッツォの後背地テヴェレ川水系の奥部にある。ローマを流れるテヴェレ川は、北へウンブリア州を貫き、トスカーナ州はティベリーナ谷へと入ってくる。

アレッツォからは国道七三号線で峠を越え、難なくティベリーナ谷に入った。国道を少し外れた小高い丘に、早速モンテルキの僻村を訪ねた。ここではピエロの名作「プラート（出産）の聖母」を見ることができる。

この独特の作品は、もともと母の墓地礼拝堂に一五世紀中頃以来長年燻（くすぶ）っていたものを修復、村の特設の美術館に移設された。その明るい一室で再会する。オリジナルの場所を離れ、歳月が洗い流された憾みはあるが、絵としての美しさはこの上ない。別室では、ピエロの経歴や作品について、よく調べられたビデオを見た。

現場で修復中の「キリストの復活」

この美術館に隣合う小さなトラットリア「ウナ・テラッツァ・イン・トスカン」で昼食をとった。カゼンティーノ産の生ハムに地元ワイン、きのこのタリアテッレ。ここはやはりトスカーナだ。

サンセポルクロ「キリストの復活」

国道に戻り、テヴェレ川を渡って行き着くのがサンセポルクロだ。ティベリーナ谷北部の平地の町。一四一四年教皇庁からフィレンツェに譲り渡された。

町は今も城壁に囲まれ、落ち着いた佇まい。一一世紀前半のドゥオモを中心に、多くが一五、一六世紀の邸館から成る。ここがピエロの出生地だ。

その一画にある町立美術館が、ピエロ円熟期の傑作「キリストの復活」（一四五八年頃）を所蔵する。今回は大々的に補修作業が行われていた。現場でのその作業がガラス越しに眺められるのも面白い。ミゼリコルディアの多翼祭壇画は改めて丁寧に鑑賞した。

また、特別企画が一つ。ルネサンス絵画研究の泰斗ロベルト・ロンギの著書に照応させ、ピエロとカラヴァッジョの作品が展示された。美術館も訪れるたびに新しい興味に出会うものだ。

新たに訪れたのは「ピエロ・デラ・フランチェスカの家」である。美術館の通りを行った先、ピエロも設計に係わった邸館という。一五世紀世俗建築の好例とされる。

ティベリーナ谷の帰途、川を渡り返してアンギアリに立ち寄った。丘の城壁の中に中世の石造りの街並みが詰まっている。周辺には、ピエロ作品の背景にあるような田園風景が開ける。

一四四〇年六月二九日、ここで教皇党のフィレンツェ共和国軍が強敵のミラノ公を破った記念すべき戦いがあった。「アンギアリの戦い」である。

フィレンツェのヴェッキオ宮五〇〇人広間を飾る筈だったレオナルド・ダ・ヴィンチの幻の大作「アンギアリの戦い」は、現在スケッチの模写を残すのみだ。

今日も穏やかな光の降り注ぐ平和な山里である。戦いの雄叫びは消え、ただの風景と化した城跡が以来何百年もの無聊をかこっている。

永遠の絵画

エミリア・ロマーニャ

「永遠の絵画」つまりモザイク画を見ようと志せば、先ずはラヴェンナへ。ここには、モザイク独自の美と技法を完成させた中世初期のオリジナルが残される。

モザイク画は、古来洋の東西を問わず何処でも芸術活動の一角で試みられた。しかし、それが大きく長きにわたり発達したのは、古代ローマ、そして中世の東方キリスト教社会だった。

古代ローマと中世のモザイク画

古代ローマのモザイク画は、イタリアでもローマをはじめポンペイや各地の古代遺跡に見られる。ローマやナポリの考古学博物館でも素晴らしい作品を見ることができる。訪れるべき場所は多い。

そこで見るものは、大理石その他いろいろな石を用い、その四角い小片（テセラ）を敷き詰めて絵の主題を表したもの。自然の動植物や幾何学模様が多く、生活の一場面もある。影による立体感や写実性に富む作品にも出会う。殆どが床面装飾に用いられた。

中世のモザイク画は、趣が違う。テセラは不規則な断片で素材も色ガラス（金銀は箔をガラスに挟み込んだ）が多く、平面的な画面に豊かな色彩効果を生み出している。それまでの壁画とは違うモザイク特有の美と技法を極めたもの。これがキリスト教の宗教感情とも融合し、大切な教会の壁面やヴォールトを飾った。

中世、東方キリスト教社会の中心はビザンティン帝国だが、初期のモザイク画はそこに残らなかった。八、九世紀の偶像破壊運動で失われてしまう。

モザイク芸術を完成させたこの時期、優れた作例を豊富に残す稀有な場所こそ、ラヴェンナなのである。

ラヴェンナのモザイク画

私もかつて、先ずこのラヴェンナを訪れた。その時のラヴェンナは、有名なサン・ヴィターレ教会にガラ・プラキディア霊廟、サンタポッリナーレ教会、サンタポッリナーレ・イン・クラッセ教会の四ヶ所だった。ダンテの墓とサン・フランチェスコ教会も付け加えた。

その時以降、ラヴェンナでは、前記四ヶ所に加え、ネオニアーノ洗礼堂、サンタンドレア礼拝堂、アリアーニ洗礼堂の三ヶ所（ほかにテオドリクス霊廟）が世界遺産（初期キリスト教建築物群）に登録された（一九九六年）。

この時代は、西ローマ帝国の首都（四〇二年、ホノリウス帝）となったラヴェンナが、オドアケルによって滅亡（四七六年）後ゴート族テオドリクスの都となり、さらに東ローマ帝国により奪回（五四〇年、ユスティニアヌス帝）されイタリアの中心であった時期（五六八年にはランゴバルド侵入）に相当する。およそ一世紀半の繁栄であった。

サン・ヴィターレ教会付近

さて、今回再度のラヴェンナ滞在は、サン・ヴィターレ教会に至近のシティ・ホテルを選んだ。市の中心ポポロ広場にも程近い。市域はほぼ徒歩圏内。朝から市中を巡った。

サン・ヴィターレ教会（五二六年）は、初期キリスト教時代の建築物として有数のもの。八角形プランの煉瓦造り。中央のドームを八本の柱で支える集中方式。ビザンティン的な堂々たる空間を見せる。

特に奥行きのある内陣が、降り注ぐモザイクの輝きに満たされる様は見事だ。見上げる左右のパネル（左「ユスティニアヌス帝と廷臣たち」、右「テオドラ妃と従者たち」）が特に目を引く。ビザンティン美術の明快な平面的様式と、画面に施された光の屈曲、純白と緑の美しさに前回に増す感動があった。

続いてここから地続きのガラ・プラキディア霊廟（五世紀中頃）へ。ギリシャ十字型のこの小堂は、簡素で堅固な外観と全面モザイクの息を呑むような堂内が対照的だ。モザイク画は善き羊飼いの図、福音史家、使徒に泉水の鳩などを描いてラヴェンナで最古のもの。天井ドームを覆う無数の星が幻想的だ。

ここでは未だ東方色は薄く、ローマ風の様式であることが見て取れる。『イタリア絵画史』（一九八〇年）のロベルト・ロンギによれば、ビザンティンの色彩的様式に対し、ローマの造形的様式と呼ぶべきもの。

この霊廟は、ホノリウス帝の妹プラキディアの墓というが、本人はローマで葬られ、ここが使われることはなかった。しかし、そこには紛れもない魂の霊気が今も漂う。古い三つの石棺も横たわる。

市内中心部

ホテルからは、続いて南へ、ポポロ広場を経て曲折する街路を行くと、居住区の一画にこの町のドゥオモを見出す。

ドゥオモ自体は、五世紀初めの聖堂跡に建てられた一八世紀のバロック建築。だが隣接して創建時のネオニアーノ洗礼堂（五世紀）が残る。八角形プランの煉瓦造り。司教ネオンの在位中に完成したもの。

その内部は、中央に古い大理石の洗礼盤。二段アーチの壁面で支えられたクーポラをモザイクが埋め尽くしている。キリスト洗礼の図。そこではヨルダン川が老人に擬人化される一方、象徴的な水流の線が鮮やかに描かれる。一二使徒の図も加わる。ラヴェンナ最古のモザイクの

アリアーニ洗礼堂天井のモザイク画　キリストの洗礼と一二使徒

一つである。これは今回の初見。

ドゥオモの裏手、大司教館に博物館が付設される。内部にはギリシャ十字型のサンタンドレア礼拝堂。六世紀初頭テオドリクス支配下の司教ピエトロの私的礼拝堂で、大理石とモザイクの美しい装飾を残している。

礼拝堂の入口に前堂があり、その黄金色の円天井に九九種の鳥が描かれているのも面白い。ラヴェンナで今も見かける鳥もいた。

なお、この博物館では、同じく六世紀の象牙製マクシミアヌスの司教座を見た。ただただ豪華な造りである。

続いて、サンタポッリナーレ・ヌオーヴォ教会（四九三〜九六年）へ。ダンテの墓を過ぎ、東方のローマ通りにそれは位置する。この近くにテオドリクスの宮殿があったらしい。

バシリカ式のこの教会は、ゴート族アリウス派の宮廷の教会として建立された。五六〇年頃カトリックの教会になる。高い円筒型の鐘楼は九、一〇世紀のもの。

内部の身廊左右のモザイクは、三層のうち上二層がテオドリクス時代（五世紀終わり）、下層がユスティニアヌス時代（六世紀半ば）。下層に見る聖女の行進や殉教者の行進には、抽象化、律動性といったビザンティン様式の特徴が顕著である。今回はそういう目でこれを眺めた。

ここからはローマ通りを北へ。市内で最後に訪れたのは、通りから少し入ったアリアーニ洗礼堂である。スピリト・サント教会に隣接する。

これもテオドリクス時代、当時正統のアリウス派の洗礼堂として残るもの。しかし、内部は壁面の漆喰や装飾が一切失われていた。ただ、天井ドームにオリジナルのモザイク画、キリストの洗礼と一二使徒が残される。ドゥオモのネオニアーノ洗礼堂の図像を継承するものだ。

クラッセ地区

これで市中の見学を終え、郊外のクラッセ地区に向かう。南八キロ、ここには帝政初期ローマ帝国の海軍基地があった。ローマ時代とビザンティン時代の考古学地区（港湾施設の遺構）が残る。

その先にあるのが、サンタポッリナーレ・イン・クラッセ教会だ。ここには古代の墓地があり、ラヴェンナ初期の司教聖アポッリナーレが葬られた。

教会は、五四九年マクシミアヌス司教により献堂された。初期キリスト教建築の典型で、この地のビザンティン文化を体現するもの。内陣と後陣のドーム内面を覆う各時代（六、七世紀とそれ以降）のモザイクが見られる。

広い緑の野と白い羊に囲まれた中央の聖アポッリナーレの図が強く印象に残る。今回はその子細を間近から観察し、鮮やかな色と微妙な陰影が第一印象にも増して理解された。

こうして、ラヴェンナのモザイクは、前回を補って一通り鑑賞することができた。しかし、これがすべてではないことが直後に判明する。

市内で「石のカーペットの家」が最近発見されたというのだ。これまでの宗教の堂宇ではなく、私人の邸に施されたモザイクの床面装飾。それは幾何学模様であったり絵画的な主題であったりするらしい。ラヴェンナの印象が少し変わるかもしれない。

ラヴェンナ以外

なお、この時期のビザンティン・モザイクは、かつて訪れたギリシャの古都テッサロニキでも見られた。アギオス・ディミトリオス教会のモザイク画など。これも稀少なもので、世界遺産になっている。

イタリアで素晴らしいビザンティン・モザイクを見るさらなる機会は、ヴェネツィア（サン・マルコ大聖堂）、パレルモ（パラティーナ礼拝堂）やモンレアーレ（大聖堂）にある。

これらはモザイク芸術の第二の黄金時代、九〜一二世紀の作品である。偶像破壊運動が鎮まり、美術の復活があって後の時期。

しかし、この時期を過ぎると、特にルネサンス以降モザイク画は次第に下火となり、油絵など筆画が主流となった。そのなかにあって、古のモザイクは輝きを失うことなく、今に永遠を伝えている。

XIII　珠玉の教会堂

街角の小教会

ロンバルディア、トスカーナ、マルケ、ラツィオ

イタリアで代表的なカトリックの大聖堂は、教皇庁の総本山をはじめ大都市のドゥオモとして巨大で、内も外も大変華やかだ。

多くが中世末期からルネサンス期に着工、数世紀の年月と財力をかけて完成した。そこには建築、彫刻、絵画など、ゴシックからバロック期にわたる美術の集大成があるといってよい。

それらが信仰の世界の無辺の大きさを示すかのように見る者を圧倒する。同時に現世の宗教権力を誇示するものとして絶大な効用も感じさせる。

そうした大聖堂を訪ねることは、これはこれで異世界を旅する際の大きな楽しみである。し

かし、私の今の関心は暫くそこを離れている。最近は特に中小都市から田舎町の教区教会など小教会を歩く。そこでは、すべてが人間の身の丈になり、生活の気配が感じられる。その町の雰囲気や特徴も映し出す。

なかでも自分の気に入った小教会、その町に溶け込んだ美しい教会に出会うと、その旅はさらに楽しくなる。

最近の旅から振り返ってみる。

サンタ・マリア・プレッソ・サン・サティロ教会

ミラノ。

あの巨大なドゥオモの圧力を打ち消すよう異例に広く設計されたドゥオモ広場。そこを少し入った足元の市街地には、昔ながらの密集状態がある。その南西の市街地の一画にあるのが、サンタ・マリア・プレッソ・サン・サティロ教会だ。

ルネサンス初期の珠玉の教会。トリノ通りから奥に入った所にその正面があり、その後背部をマッツィーニ通りから見ることができる。市中に溶け込んだ小教会だ。

教会は一四七六〜八六年に建てられ、近年修復された。内部は意外に狭い。中央身廊と翼廊がヴォールトで覆われ、交差部にクーポラが載る。

素晴らしいのは内陣の造りである。狭い空間を拡げるため、主祭壇の後部に遠近法を駆使した騙し絵を施している。ルネサンスの巨匠ブラマンテが設計に携わった。

左の翼廊の奥にピエタ礼拝堂。これはかつてのアンスペルト教会（九世紀）で、内部はギリシャ十字型。右の翼廊からは八角形プランの洗礼堂に通ずる。これもブラマンテの設計で、二段の付け柱がクーポラを支える。これらはいずれも美しい彫像で飾られる。

教会の後部にはロマネスク様式の鐘楼（一〇世紀末）が建つ。マッツィーニ通りから眺める教会の後姿は美しく、町の景色を上等にしている。

トリノ通りは、ドゥオモ広場に入る中世の道で、今日では商業の中心地の一つ。広場から進んだ右側には円筒型のサン・セバスティアーノ教会がある。ペストの流行を鎮めるため一六世紀に建立、一八世紀のクーポラを戴く。

通りのさらに先には、サン・ジョルジョ・アル・パラッツォ教会。創建は古いが、現在の姿は一九世紀新古典主義の建築である。

中世の趣の残るトリノ通りに、こうして町と同化した小教会が残るのもミラノの一つの素顔である。

因みに、この時の私の宿はトリノ通りの脇のスパダーリ通りにあった。高級食料品店「ペック」の隣、ミシュラン二つ星の「クラッコ」を目の前にする繁華街だ。こうした普段着の町なかでは、気軽にこれら小教会に立ち寄ることができる。

サンタ・マリア・デラ・スピーナ教会頂部装飾

サンタ・マリア・デラ・スピーナ教会

次いで、ピサ。

ピサといえば、斜塔である。所はアルノ川右岸の古い地区カンポ・デイ・ミラコリ（ドゥオモ広場）。一一世紀、ドゥオモと洗礼堂に次ぎこの鐘楼が着工された。カンポ・サント（墓地）の建設も始まる。これらは一四世紀後半まで順次完成をみるが、お揃いのピサ・ロマネスク様式で統一されている。ここは世界遺産。

中世の城壁が囲む広々した芝生の上に、これら堂々たる白亜の建造物が並び立つ様はまことに壮観である。

しかし、これが完成した時期ピサ海運共和国の盛運は傾き、一四〇六年には宿敵フィレンツェの支配下に入った。以後はフィレンツェ流の街造りがピサを変えていくが、カンポ・デイ・ミラコリの威容は保たれた。

一方、アルノ川の左岸は歴史的に新しい地区である。ここで私の取り上げたいピサは、この川岸に独り小さく建つサンタ・マリア・デラ・スピーナ教会だ。

「スピーナ」は、ここにキリストの冠と信じられた一本の茨（スピーナ）が納められたことによる。元は小さな祈禱堂だったが、一三二三年に拡張され、一八七一年川堤の高い位置にそのまま移築された。

カンポ・デイ・ミラコリが極大の美とすれば、この教会は極小の美というべきか。その小さな姿は、凝集した軀体、林立する尖塔を備えて独特の存在感を放っている。

扉口を組み込む連続アーチと三連窓、四連窓。ピサ派の彫像群が壁面を飾る。ロマネスク・ゴシック様式の美を結晶させたその姿は、何よりぽつんと独り立つ風情によって強く印象づけられる。

明るい堂内は白黒の縞模様。身廊と内陣がアーチで区切られる。祭壇には聖母子と聖ペテロ、聖ヨハネ像。左側面に茨を収めた小さな壁龕（へきがん）を見る。

ピサは斜塔だけではない。離れた河畔に珠玉のピサを見ることができる。

サンタ・マリア・デラ・ピアッツァ教会

続いては、アンコーナ。

アドリア海に臨む古くからの港町アンコーナに、以前見出した異色の小教会サンタ・マリア・デラ・ピアッツァがある。今回機会があり再訪した。

市の中心は港に面したレプブリカ広場。メインストリートは内陸へ延びるが、港沿いに進む道がロッジャ通りだ。この道を何処までも進むと、その先はグアスコの丘に登り、頂上のサン・チリアコ大聖堂に行き着く。

ロッジャ通りの起点近くには、ロッジャ・デイ・メルカンティがあり、ヴェネツィアン・ゴシック様式の美しいファサード（一五世紀）を見せる。それを左に見ながら暫く通りを進んだ右側に、件の小教会が現れる。

通りから少し奥まった位置（手前の小広場がその名のピアッツァであろうか）に、何とも見慣れない特徴的なファサードが見える。

ここには五世紀と六世紀の二つの教会があったといい、これを基に一三世紀、現在のロマネスク様式の教会が建設された。そのファサード（一二一〇〜二五年）というのは、連続アーチの小列柱（ロゼッタ）を数層全面に連ねたもの。その異観が古拙の趣と静かな迫力で見る者を釘付けにする。そして大きな正面扉口が人を誘う。

教会内部は三廊式。上部に内陣（一二三三年）がある。地下には昔の二教会の遺構があり、当時のモザイクが残る。それを床のガラスを透かして見ることができる。

アンコーナは、第二次大戦の爆撃と一九七〇年代の地震で壊滅的被害を受けた。驚異的に復興したのは幸いだったが、市中にこの小教会を見かける時、古いアンコーナの魂とアイデンティティに触れる思いがした。

名画のある小教会

こうして挙げてくると、イタリアで気にかかる小教会は無数にあるといってよい。ここでは、貴重な絵画で知られる小教会に限り、最近訪れた所を序でに追加しておきたい。

フィレンツェで訪れたのは、いつものサンタ・フェリチタ教会である。ヴェッキオ橋を渡って直ぐの小広場にこの教会は建つ。

教会の頭上にはヴァザーリの廊下が通っていて、この開口部がそのまま教会内部の階上席になっている。かつて廊下を通った際はこの席から礼拝した。

教会の起源は古く、ローマ時代の墓地の上に建設され改築が重ねられた。一八世紀に大改修されたが、肝心の内部に破損はない。

さて、ここで見られるのはポントルモの祭壇画「十字架降架」（一五二六～二八年）である。それにフレスコ画の「受胎告知」。フィレンツェのマニエリズムを代表する作家の傑作である。「十字架降架」には十字架はなく、淡い鮮やかな色調の一一人もの群像が軽やかな動きを見せる。マニエリズムに典型的な物憂げな、不思議な雰囲気だ。

この教会を有名にしているのは、ひとえにこの絵のあるカッポーニ礼拝堂（入口右脇）の存在であろう。

一方、ローマでも、時々訪れる場所としてカラヴァッジョの名画を残す教会がある。お祈りに縁がなくとも、通りすがりに立ち寄れる贅沢。小教会かは別として、ここではポポロ広場のサンタ・マリア・デル・ポポロ教会（「聖パオロの回心」ほか）、ナヴォナ広場に近いサン・ルイジ・ディ・フランチェージ教会（「聖マタイの召命」ほか）とサンタゴスティーノ教会（「巡礼者の聖母」）を挙げておきたい。

モザイクのある小教会

次、ローマにおいてはビザンティン・モザイクの教会もある。

サンタ・マリア・マッジョーレ広場近くの路地に、サンタ・プラッセーデ教会があり、反対のエスクィリーノ広場近くにはサンタ・プディンツィアーナ教会がある。

サンタ・プラッセーデ教会の創建は四八九年と古く、聖女プディンツィアーナの姉妹に捧げられた。九世紀には教皇パスカリス一世がサン・ゼノ礼拝堂を設けている。そこにあるのは壁画を覆うモザイク画で、諸聖人を従えた救世主が描かれる。モザイクはもう一ヶ所、勝利門に残る。

他方、サンタ・プディンツィアーナ教会（一六世紀末改築）も、その名の聖女のため創建された四世紀当時のモザイクを後陣に残している。

こうしてローマ中心部の古い路地に何気なく建つ小教会。歴史を秘めたその姿は尊い。

なお、ローマにおけるビザンティン・モザイクは、サンタニェーゼ・フオリ・レ・ムーラ教会にも見られる。後陣の金地の上に描かれた「二人の教皇の間の聖アニェーゼ」（七世紀）の秀作。

ここはローマの中心を外れ、ノメンターナ街道の先に位置する。同じ場所に聖コンスタンティア廟がある。これは初期キリスト教時代の重要な記念物で、四世紀初めコンスタンティヌス帝の皇女コンスタンティアとヘレナのため建立された。周歩廊のヴォールトを飾るモザイクは、創建当時の逸品である。

このように貴重な小教会に出会う楽しみは限りなく、これからの旅でも続くだろう。

孤高　孤風　孤愁

サルデーニャ、ウンブリア、プーリア

教会建築のなかにも、人里から孤立した孤棲、孤魂の小教会堂がある。来歴は様々だが、ぽつんと残されたその姿は、これを創建した人々の深い信仰と高い志を黙示している。それは歴史の主役を務めるものではない。有名でもなく、それを目指して訪れる人が多いわけでもない。その始まりから今に至るまで自然のなかに独り強く生きてきた。そうした小教会に出会い、そうした目でこれを見た時、普段訪れる大教会とは全く違う感慨が湧き起こってくる。それは教会を外から異教徒として見る感覚でなく、人間に共通する信仰心や志への共感があり、胸を打たれるのであろう。

孤高の教会

私がこれまで野の旅で出会い、再訪もした教会はそう多くはない。そのなかで、先ず思い出されるのはサルデーニャ北部のサンティッシマ・トリニタ・ディ・サッカルジア教会である。孤高の教会というべきもの。

野に立つサンティッシマ・トリニタ・ディ・サッカルジア教会

サッサリからオスキリ方面への道を一五キロ、広漠たるコドロンジャヌスの野の果てに、独りこの教会は建つ。

一際高い鐘楼は、白と黒の縞模様。塔身は二連窓、三連窓を開き、頂に三角屋根を載せる。下半身に接して、同じく白黒の教会が並ぶ。白は付近の石灰岩、黒は熔岩の切り石。一二世紀ピサ・ロマネスク様式の傑作である。

薄暗い教会の内部は、後陣がウンブリアとローマの影響を受けた一三世紀のフレスコ画で飾られる。右側廊に続く回廊は、外周の柱廊のみ、がらんとした広場を囲む。堂内にいても山野の気が漂い、この場所柄を知らしめる。

なお、サッカルジアは斑の牝牛のこと。カマルドリ修道会が一帯を開拓した際、何処からともなく牝牛が現れて乳を供した伝説がある。教会玄関の柱廊右端の柱頭部に、この牝牛の姿が刻まれる。
周辺に何もない山野といい、孤高の教会といい、強い単色の忘れ難い印象を残す。

孤風の教会

その二は、ウンブリア、スポレート郊外のサン・ピエトロ教会。孤風の教会である。モンテルーコの丘の裾野に独り建つ教会。もともと古代ローマの建造物があった場所に建てられ、その後改築された。

ここで特筆されるのは、一二、一三世紀後期ロマネスクの彫刻を残すファサードである。ここに古典的モチーフで飾られた中央扉口があり、特にその両脇に施された浮き彫りが注目される。美しいがままによく保存されたモチーフに興味は尽きない。浮き彫りに続いて、様々な擬人像を配した四層の小アーチ、その外側に聖書の諸場面、動物や寓意画の浅浮き彫り五面が二重に並ぶ。

堂内は一八世紀に改築されているが、それ以前の祭壇画や洗礼盤などは残される。

ローマからフラミニア街道を北上し、スポレートの手前を右（東）に入って直ぐの斜面に見出せるのがこの教会である。左（西）に分ける道を行くとスポレートだ。スポレートには古代ローマの重要な遺跡とともに、密集した中世の都市組織が残される。それらを巡ってなお忘れてならないのが、このサン・ピエトロ教会である。当地の後期ロマネスク文化の真髄に触れる機会になるだろう。

孤愁の教会

その三は、プーリア北部海岸シポントのサンタ・マリア教会である。アドリア海に突き出るガルガーノ岬に向け、陸地は広大なタヴォリエーレ平野を広げる。フォッジャからガルガーノ岬に向かうと、海（マンフレドニア湾）に出てシポントの町を過ぎる。町外れの曠野に独り建つのが、この教会である。

シポントは、この地のローマ時代からノルマン時代に栄えた町で、サンタ・マリア教会は有力な司教座教会であった。ところが、町は一三世紀の大地震で壊滅し、唯一つ生き残ったのがこの教会であった。

教会は四角形の堅固な造り。壁面は入口以外開口部のない柱付きアーチを廻らせる。東方風を思わせるロマネスク建築（一一世紀初め）だ。教会の傍らには原始キリスト教時代の聖堂と墓地の跡。

元々の湿地帯である。林の点在する不毛の草原にこの古色の教会がぽつんと残された風景。それは何とも寂しいものだが、草原に花が咲き乱れていればなおのこと。さらに、シポントに華やかな過去のあることを知れば寂しさが極まる。孤愁の教会である。

伝説によれば、五世紀末大天使ミカエルが近くのガルガーノ岬モンテ・サンタンジェロの洞窟に降臨し、シポントの司教にお告げがあった。司教がそこに教会を建てたのが、今に続くサン・ミケーレ聖所記念堂の始まりである。

聖所には、中世を通じ十字軍の兵士が詣で、ここから東方へ船出したのだった。ここにはまたヨーロッパ諸国から巡礼も集まり、そのなかにノルマンの騎士団もいた。南イタリアからシチリアに、やがてノルマン王朝が成立する。

この地に大地震のあったのは、ノルマン王朝を継ぐホーヘンシュタウフェン朝の時代。壊滅したシポントに代わってマンフレドニアが建設された。

シポントの復活は永遠に閉ざされ、現在は単なる海辺のリゾート地。町外れに取り残された遠目には四角いだけのサンタ・マリア教会は、この地の大きな歴史からも取り残され、老残の姿を曝している。孤傷の教会ともいうべきか。

プーリア地方には、州都バーリをはじめ各地に壮麗なロマネスク様式の教会が現存する。そうした町を訪ねる旅でこのシポントにも足を向け、この曰くある小教会に対面するのも、土地の歴史への理解と敬意を深めることだろう。

廃虚の美

トスカーナ

緑豊かなトスカーナに、時として意外なモニュメントを発見して驚く。シエナから南西におよそ三〇キロ、草深い田舎町キウスディーノの丘陵にサン・ガルガーノ修道院があった。

聖ガルガーノはシエナの放縦な若者だったが、一転翻意して聖職に就き一一八五年列聖されたという。修道院はこの聖人に捧げられた。

建物は一二二四～八八年建設のゴシック様式。当時シトー派の修道院として大きな勢力を誇っていた。シエナのドゥオモ建設の際にもそのモデルとなったという。

しかし、その後修道院は衰退、一六世紀には建物も崩壊したらしい。一五七七年一旦修復されるが、一七二二年以降崩壊はさらに進んだ。

サン・ガルガーノの廃虚

今、緑豊かな丘陵を登っていくと、意外に大きな建物の外形が眼前に現れる。天井はなく、

屋根も落ちた教会の廃虚

辛うじて建つ四囲の外壁のみ。そこに三つの扉口のあるファサード、二連窓の付いた後陣。

内部に足を踏み入れると、振り仰ぐ青天井の下、仕切られた三廊式の跡。丈高い主身廊の底に身を置くと、ここがなお聖なる空間である気配がそこはかとなく漂う。

教会でなくなってもなお教会なのだ。そこにはまた、長らく廃虚のまま過ぎた時間への思いが交錯する。全く無用のまま無駄な時間が過ぎたのか。目に見える証を保存した時間に価値があるのか。

少なくもこの時間があってこそ、廃虚には様々な思いが注がれ、それに応じた美意識も誕生した。廃虚は単なる過去ではなく、異次元の現代として。それは絵画にも描かれ、ヨーロッパの風景画の一ジャンルを開いた。

この丘一帯に、まさしく廃虚の美の世界がある。

続きのシエピ山（標高三三八メートル）には、サン・ガルガーノ小教会。元の姿を残すロマネスク様式の小堂である。集中式プラン、アーチ式小鐘塔が付く。

内部は天井ヴォールトが特徴的。石灰華の煉瓦で同心円の帯状に飾られる。中央の岩塊に聖ガルガーノが平和の剣を打ち込んだ跡を見る。

緑濃い平和な丘陵地帯は、何もこれといってあるわけはなく、独り聖ガルガーノが今もシエナからの人を引き付けている。

サンタンティモ

同じシエナ地方、モンタルチーノ南方八キロの野には、サンタンティモ修道院がある。正確には、修道院だった建物の廃虚が一部復元されている。

こちらの創建は古く、伝えられるところではカール大帝の七八一年。ベネディクト会の有力な大修道だった。しかし一三世紀に衰退、一四六二年廃院となり、その後廃虚と化したという。

現在の教会は、一一一八年以降建設されたものだが、復旧は一八七〇年から。一九九二年からは時折ミサも行われるようになった。

野なかの教会を訪れると、人の気配はない。ロマネスク様式の建物は、ファサードに柱廊の壊れた痕跡を残す。内部は三廊式で、身廊を支える柱には様々な様式の柱頭があり、縞瑪瑙（しまめのう）もある。半円形の後陣には放射状に礼拝堂、地下には創建当時と思われる小さなクリプタが設置される。何もない堂内は、主祭壇に木製の磔刑像を飾り、僅かな和らぎを得ている。外に出て外構を一巡すると、教会の外観はそれなりに整い、保全と修復の跡を感じさせる。背後に控える四角四層のロンバルディア様式の鐘楼も堂々趣を添える。

修道院は、昔から人里離れた僻地に営まれた。九〇〇年経た今日もこの道筋に人家はない。シエナ県でもグロッセート県に接するこの一帯は山深く、ラツィオ州にも近い県境には、最高峰アミアータ山（一七三八メートル）が聳える。

サン・サルヴァトーレ

アミアータ山は昔の火山で、緩やかな円錐形を成す独立峰だ。遠くシエナの平地から望み見ることができる。南下してローマに向かうカッシア街道は、この山の東麓を抜けて行く。麓には一部ぶどう畑やオリーヴ林が帯状に広がり、町や村が点在する。

山を登っていくと、先ずは栗林、そして橅（ぶな）の森となる。ここにあるのが、サン・サルヴァトーレの町。中世の趣を残す避暑地である。地名の由来となったのは、当地のサン・サルヴァトーレ大修道院だ。

修道院は、ランゴバルド時代の七四三年創設された。当初はベネディクト派、現在はシトー派修道会に属する現役の修道院だ。トスカーナ地方で最も立派な修道院の一つといわれる。

現在の教会は一〇三六年に建立、これまで修復の手が加えられてきた。堂内は荘厳、礼拝堂のフレスコ画（一六世紀）も古びて尊い。一〇〇〇年の人の手が加わり、息の通った堂宇は、紛れもなく密やかな生命感を宿している。

さらに一〇〇〇年先、この堂宇はどうなるのか。ここまで二ヶ所の廃虚を見た目からすれば、ここが壮大な廃虚となった姿を想像できないことはない。ただ、そこから逆算して思うに、現況の堂宇の如何に大切なものであるかが痛感される。

さらに思うに、廃虚には往時この上なく大切だったものの幻が潜んでいる。その幻が廃虚の美を輝かせているのかもしれない。

廃虚の美意識は、限りない時間と労苦の末、静かな境地を得た悟りに似ている。

XIV　景勝

コモ湖有情

ロンバルディア

ホテルの建つ水際に絶えず波が寄せる。小さなホテルながら、湖畔に心地良い庭園と散歩道を廻らせる。

部屋からの眺めは、いきなりの湖面と対岸に切り立つ山々。湖が尽きる奥部にコモの街並みが見える。

夕暮れになると、残照に映える湖と、黒々と変わる山々の対照となる。ブルナーテ山のケーブルカーに沿って山腹に一列斜めの灯が点った。コモの町は影絵となり灯が瞬き始める。この時クーポラを戴くドゥオモの町は、大自然の中にくっきりと存在感を見せる。

湖畔の宿

プレ・アルプスの山地に氷河湖として生まれたコモ湖一帯は、イタリアのなかでも最も美しい風景の一つだ。ミラノから五〇キロ、高速道で結ばれ、観光の便も良い。

ここコモ湖の滞在には、静かな「湖畔の宿」を求めてやって来た。

湖畔には豪華な別荘を継いだ有名ホテルもある。「ヴィラ・デステ」や「ヴィラ・セルベッローニ」。ここで晴れの体験をすることもよい。だがそれは最初の頃の楽しみであった。寛げる非日常は、人が多からず、落ち着いた適度の異空間にある。そのイメージが「湖畔の宿」であった。

ガイドブックで湖畔の各地を探し、結局辿り着いたのが、今回のホテル「ヴィラ・フローリ」である。コモの町から湖の西岸沿いに二キロ、人里から孤立している。

ここで暫くのんびり滞在を楽しむことになった。とはいってもホテルに蟄居しているわけではない。折をみて外出に心がけた。それはこの土地を旅行者でなく、滞在者として見直すことにもなるだろう。

コモ市内

先ず、コモの市内をゆっくりと歩いた。

コモは歴史の町である。先史時代に発するが、歴史はケルト人を追ったローマ時代に始まる。

前一九六年、将軍マルクス・クラウディウス・マルケルスが最初の砦を造った。現在もドゥオモのある中心部にその碁盤目状の部分が残る。

また、ローマ時代この町は稀代の博物学者・著述家の大、小二人のプリニウスを生んだ。ドゥオモ正面のニッチに二人の像が置かれている。教会に異教徒の像も珍しいが、町の誇りと見て違和感はない。

「コモの巨匠たち」も忘れられない。古く建築家、大工、左官、石工、スタッコ細工師など、建築史上に輝く職人たちが当地にいた。ランゴバルド時代この言葉が生まれ、この巨匠たちの手で中世ロマネスク様式が確立したとの評価がある。

サン・フェーデレ教会は、ローマ時代のフォロ跡に建ち、この町の初期のドゥオモだった。ここにコモの巨匠たちの伝統を見る。因みに、ロンバルディア・ロマネスクの代表例は、旧市街を外れたサンタッボンディオ教会。

中世の旧市街は、ローマ時代の碁盤目より少し広く、一二世紀コムーネ時代の城壁に囲まれていた。しかし、ミラノとの戦いで破壊されて以降、この町はたび重なる外来勢力の支配下で長い年月を過ごした。

それでも、オーストリア支配下で毛織物産業から絹産業を興し、経済的にも復興して「絹の町」の名を高めた。スイス国境に接する地の利もある。第三次産業なかんずく観光業で成功した。そのなかで近代の別荘文化が花開いたところが際立つ特徴であろう。
私のホテルのある湖の西岸一帯が代表的な別荘地だ。一八世紀終わり頃から貴族や富豪の別荘が数々建設された。今も美しい新古典主義様式の佇まいを湖面に映す。

別荘巡り

コモ湖観光のハイライトは、こうしたそれぞれに謂われのある別荘巡りであろう。湖の周遊を兼ねて、一日この別荘巡りに出た。先ずは車で。

西岸を北行すると、直ぐにチェルノッビオ。ここにあの「ヴィラ・デステ」がある。英国皇太子妃の館が一九世紀末ヨーロッパ有数の豪華ホテルになった。映画「舞踏会の手帖」で知られる上流階級の社交舞台だ。一、二泊の宿泊でも良い思い出になる。

一方、ヴィスコンティ家の「ヴィラ・エルバ」は、現在博覧会場となっている。

これから先、山寄りに新しい自動車道もあるが、静かな湖畔の道を行く。小さな町、別荘、庭園、小さな港が点在する。

ブリエンノの付近で、湖は最大深度を記録する。ヨーロッパでも最深の四一〇メートル。日本でいえば田沢湖に並ぶ。

サラ・コマチーナの先には、この湖唯一のコマチーナ島がある。昔からの防衛拠点で城と教会が残る。島での昼食もよいが時間が早過ぎた。

緑豊かな水際の別荘地

中腹の道路からコマチーナの小港に下り立ったのは、ここから舟で「ヴィラ・バルビアネッロ」を訪れるためだ。船着き場で折よくモーターボートを手入れしていた男を捕まえて交渉、間髪を入れず出航した。

ボートは白波を曳いて飛び出し、湖上の別世界に出た。沿岸の風景は見るみる変化し、地上のそれと反転する。光や風が違う。湖はやはり水上に出なければ駄目だ。

ヴィラ・バルビアネッロ、ヴィラ・カルロッタ

「ヴィラ・バルビアネッロ」は、湖に突き出た岬にある。岬そのものを敷地とし、水際から山上まで手の込んだ開廊やテラス、庭園が配される。そして、それらを飾る彫像群が湖を背景にヴィラの優雅を引き立てる。

ここには陸路での道もあるが、やはり湖からのアプローチが良かった。刻々と近づくヴィラの、水上からの眺めも良い。舟着き場から上陸、山腹、山上の散策路を巡った。

私の見るところ、コモ湖に数あるヴィラのなかで立地と庭園の趣はここが一番といえよう。このヴィラは現在イタリア環境基金が管理するが、一般の入場者のほか様々な利用を受け入れて財源としているらしい。実は、私の妻が以前服飾撮影のロケ地に利用したこともあった。写真に収まった人物と風景は、何処か天上の楽園を思わせるものがある。

さて、「ヴィラ・バルビアネッロ」からは迎えのモーターボートで湖岸に戻り、トレメッゾに向かう。トレメッゾからはコモ湖中心部の広大な視界に、湖を二股に分ける先端のベッラージョ岬の展望が開ける。

それと、「ヴィラ・カルロッタ」がここにある。一八世紀初期のバロック建築、一九世紀中頃にこれを購入したプロイセン王家の娘の名が付けられた。ここを有名にしているのは第一級の美術品と美しい花々の庭園である。

散策の後、近くのカデナッビアからフェリーで湖を渡る。二股の岬の町ベッラージョへ。

ベッラージョ、湖の東岸

ベッラージョは、リゾート地としてコモ湖随一の場所といってよい。湖畔の町はイギリス人ありドイツ人あり、今日も大勢の観光客で賑わう。

町の高台には、昔小プリニウスが夏の館を建てたという。現在は「ヴィラ・セルベッローニ」があり、ロックフェラー財団が入っている。広大な庭園は公開される。湖畔にあって庭園を公開するのはメルツィ荘だ。水際から山腹にかけ、大小の館に美しい彫像群。エキゾチックな植物相が見られる。

この地の最高級ホテルは湖畔の「ヴィラ・セルベッローニ」。大混雑する湖畔を抜けて静かな構内に入ると、ほっと一息がつける。星付きのレストランは敷居が高いのか閑散としている。ここで遅い昼食をとった。

ゆっくりと時を過ごし、ここからはそろそろ帰途につこう。二股のレッコ側へ行かず、コモ側の東岸を南へ折り返すことに。

道筋は西岸に比べれば開発が遅く、ネッソの断崖など荒々しい自然を垣間見せる。コモに近づく頃、斜面の町トルノに見るのがコモ湖でも指折りの「ヴィラ・プリニアーナ」。これは一六世紀の建築。やはり水際に建つ。庭園には湖からしか見られない間欠滝があるらしく、これは古の大プリニウスも書き残しているという。ヴィラには一九世紀ナポレオンやバイロン、スタンダールなどの文人が滞在した。

トルノから道はコモに入り、ここで一日のヴィラ巡りは終わった。

道々新しい発見もあったが、驚くのは何処も観光客が増えたことだ。リゾートも大衆化する。

昔からの住人からすれば迷惑もあるらしい。

森のレストラン、湖の上流

さて、何処にいても夕食は待ち遠しいものである。コモの名物料理は、湖の魚を扱っている。鱒やティンカ（鯉の一種）など。ジビエもある。そのうえ北イタリアで一般的な肉料理はもちろん、海の魚も珍しくない。しかし、特にワインでコモの名の付く御当地ものがないのはやや寂しい。

一夕、ホテルのお奨めで町外れの山間のレストランにやって来た。森の暗闇のなか、物語めいた昔の館に辿り着く。ここに穏棲した元ガリバルディ軍の将軍に因む「ナヴェダーノ」。食卓はスカンピにアラゴスタ、仔羊など当世風の料理だった。国際色の強い当地で国際レベルを追求する料理なのだ。ワインも内外の良品を揃えていた。

食べ物の話では、コモ市内にナポリ風ピザを見付けたのも驚きであった。「真正ピザ処ナプール」を名乗る店。確かに、北イタリアに多い分厚いピザではなく「真正」ものにありつくことができた。

ワインは、DOCのヴァルテッリーナ。産地はコモ湖を抜けたアッダ川の上流、アルプス南面の谷間である。これがコモの地元ワインなのだ。

この谷間、ヴァルテッリーナをレオナルド・ダ・ヴィンチが訪れ、こくのあるワインを大量に産すると評したことが伝えられる。ぶどうは、日の当たる斜面を石壁で支えた段々畑に栽培される。

ヴァルテッリーナの中心地は、県庁所在地のソンドリオ。背後はベルニナ・アルプスの山地、向こう側はスイスのサン・モリッツだ。谷はさらに奥深く、チロル地方に続く交通の要衝ボルミオの盆地へと分け入る。

アッダ川は、こうしてアルプスの水を集め、コモ湖に注ぎ、二股の一方レッコでコモ湖を出る。そしてミラノ東方のロンバルディア平野を潤し、ポー川に入る。

そうした大きな地勢、自然の循環と代々の人の営みに恵まれたのが、天与のコモ湖であった。

ポルトフィーノとチンクェ・テッレ

リグリア

リグリアは、イタリアの北部にありながら、明るく温暖な南部を思わせる。アルプスの支脈とリグリア・アペニン山脈が東西に延び、南は弓なりの海岸線に迫っている。海はリグリア海。リグリアは狭く山勝ちだが、南斜面と前面の海に恵まれた天賦の地といえよう。この海沿いがリヴィエラ。

なおここで、イタリア随一の海の名勝を挙げるならば、知名度において、それはナポリ湾からソレント半島、カプリ島とアマルフィ海岸（世界遺産）になるだろう。その向こうを張れる数少ない地が、ここリヴィエラにあると思われる。その特異性において、この地ならではの魅力と発信力を備えている。

中心都市はジェノヴァ。東西に長い海岸線は、ここで東リヴィエラと西リヴィエラに分かれる。いずれも歴史ある港町と、山が海に迫る見事な景観を連ねている。港町の多くは、今日南国の魅力に富む保養地に発展した。

リグリア風家並みの港と後背地

ポルトフィーノ

東リヴィエラで随一の保養地は、ポルトフィーノであろう。国際的に名声が高い。

海に張り出た原始の岬の先に孤立する港町。天然の「いるかの港」（プリニウス）の海辺や小さな広場に並ぶ短冊型の家並みは、それぞれが色鮮やかに塗り分けられる。

海に開く片側の尾根には教会と城跡。背後の山腹には緑のなか点々と瀟洒な別荘群を見る。ここから岬の奥部山中に散策路が延び、秘境の入江サン・フルットゥオーソにも通じている。

岬全体は自然公園として保護される。ポルトフィーノも開発が抑制され、港町の風情や自然美がよく保たれているのだ。このことがここを別格の保養地とした。

一方、押し寄せる観光客には、極めて限られたホテルしかない。アプローチも陸路はただ一本、昔からの道が海沿いに細く通うのみ。駐車場もままならない。ハイシーズンやウィークエンドは大混雑だ。

今回選んでやって来たのは、一〇月も終わりに近いウィークデイ。ゆっくり自然と人工美の散策を楽しむことができた。優雅な滞在は、以前山上の有名ホテル「スプレンディド」の客として遊ぶことがあった。港の小広場にある「スプレンディド・マーレ」のレストランで、静寂の夜ピアノ演奏を聴いた思い出も今蘇る。

この季節、この地域のホテルは続々と冬休みに入る。今回は岬の付け根に当たるサンタ・マルゲリータ・リグレの、休み間近の「グランド・ホテル・ミラマーレ」に投宿した。ホテルのレストラン「ヴィスタマーレ」が良い。

東リヴィエラでジェノヴァからセストリ・レヴァンテに至るティグリオ一帯は、クラシックなホテルをはじめ幾分レトロで絵画的な海辺の情景が目を楽しませる。

チンクエ・テッレ

ここからさらに東へ向かうと、チンクェ・テッレである。海に落ちる断崖の切れ目に辛うじてしがみつく村が五つ。一一世紀に生まれて以降出入りは海路のみだったが、一八七四年に鉄道が通じた。一般道は今も両端の村までだ。

その特有の立地と生活環境、厳しさと美しさを備えた五つの村は、一九九七年世界遺産に登録された。

そのなかの一つヴェルナッツァを再訪することにした。ここは「イタリアの最も美しい村」の一つにも登録される。

前回は車でこの村の背後から険しい生活道を伝って何とか辿り着いたが、やはり定石どおり鉄道が無難であろう。西端の村モンテロッソ・アル・マーレから列車で往復した。

ヴェルナッツァは、岩山に閉ざされた海への渓谷に位置する。小さな漁港まで鉄道駅からの一本道が谷底を下る。両側は折り重なる家また家。

港に臨む狭い広場は、平日にもかかわらず混雑を極めていた。世界中からの観光客だ。レストランのテラスも満員状態。広場に続く教会だけは静まり、中に疎らな人影があった。港を見下ろす岩山には、この村のシンボル、中世の見張り塔が立つ。

水際のレストラン「ガンベロ・ロッソ」は、岩山を背に店の奥が剝き出しの岩壁のまま。自然の息吹は屋内にも通う。

ここでの料理は魚介尽くし。前菜はスカンピ、ガンベリの生、パスタはトマト・魚介ソースのパッケロ、主菜はブランジーノのグリル。どれをとっても無類に美味い。観光地になっても昔の味を守っている。

ワインはこの村のヴェルメンティーノ（白）。断崖の段々畑から来たものだ。有名になったシャッケトラ（DOC）もある。ここに一〇〇〇年の恵みが凝結している。

リグリア料理

リグリアの保養地にあって大きな喜びの一つ。それは食の豊かさ、とりわけ南国の香り立つ料理があることだ。

イタリア北部の料理は大陸に近く、バターやラードに偏り勝ち。味も濃厚である。手の込んだ肉料理やラグー、それに合う年代ものの赤ワインなど。これに対し南部はオリーヴオイルにトマトソース、魚介類や生野菜、地元産のワインが特徴だ。リグリア海の魚は小さめだが、グリル、フライ、ブイヤベースなどどんな調理にもよい。

こうした点でも、リグリアはイタリアの南部の系列にある。そのうえ特筆されるのは、ここがかのペースト・ジェノヴェーゼの発祥地であること。イタリア料理の一ジャンルを成す「ジェノヴァ風」を生み出した。

このことは、リグリアの中心都市ジェノヴァが中世海洋共和国として栄え、地中海交易の一大拠点となったことに負うものだ。ペーストの原料は、オリーヴオイル以外、パルミジャーノ・レッジャーノ、ペコリーノ・サルド、松の実、にんにく、バジリコなどすべて他国からの輸入品だった。

そのジェノヴァの経済力、文化力がリヴィエラ海岸の各地に及ぼされ、行き渡って今日のリグリアがある。

内陸の村

この旅の最後は、セストリ・レヴァンテから内陸の山地に入り、「美しい村」のヴァレーゼ・リグレからブルニャートの村を巡った。

一歩山地に入ると、一転してリヴィエラの華やかさはない。何処へ行くにも曲がりくねった道を延々と進む。観光客の姿はない。日の当たらない僻地は静かに寂れていた。

ヴァレーゼ・リグレでは、中世の城の石壁を背に老人たちが日向ぼっこ。その傍らに、こんな奥地でありながらアフリカ難民の黒人が屯するのを見た。

小さなパン屋には伝統のパーネ・ドルチェ。この素朴な味わいもリグリアの食の一面に相違ない。

ブルニャートは、ジェノヴァからの高速道路が山中を過ぎる傍らに位置する。中世ベネディクト会修道院とともに小綺麗な家並みを保っていた。行き交う人は少ない。

保養地の海岸部に比べれば、未だ中世の静けさと時の後れに身を任せているようだ。これもリグリアの一面に相違なかった。

タオルミーナに遊ぶ

シチリア

陽光のシチリア。

イタリアのなかでもエキゾチックなシチリアは、海も山も雄大な南国の景観に恵まれる。もちろん気候温暖。特に、ヨーロッパ最大の活火山エトナ（標高三三四〇メートル）が山裾を広げる北東部イオニア海岸。

稀に見るこの景勝地には、現れるべくして現れた絶好のリゾート地がある。

タオルミーナ

リゾートとして国際的にも名高いタオルミーナは、南西にエトナ山を望み、イオニア海を眼下にする山腹の高みにある。海抜二五〇メートル。

海と山を見渡す絶景の地点に、有名なギリシャ劇場（前三世紀）。山肌を水平に走るメインストリート、ウンベルト一世通りに沿って、古代ローマ時代のオデオンやナウマキエ（貯水施設）の遺構を見る。

海を見下ろすギリシャ劇場跡

ここは、ギリシャ・ローマ時代に発する古い町だ。中世にも栄えたことは、立派なドゥオモ、修道院や邸館（あるものは現高級ホテル）が物語る。ウンベルト通りの南西端にドゥオモとカターニャ門。北東端には観光局の入るコルヴァイア館とメッシーナ門。この下から出るケーブルカーが直下の海岸に通ずる。

中央門のある四月九日広場はテラスからの眺望が素晴らしい。観光客の溜まり場といった所。山頂のアクロポリス跡には中世の城塞が残る。

こうしたこの町の現在は、その際立つ風光と歴史遺産、滞在の心地良さからヨーロッパはおろか世界的な観光地になった。そしていかに観光化したとはいえ、この垢抜けした町が大きからず、本来の佇まいを保ち、無用の喧噪を招かないことが、その名声を持続させているのだろう。

今は早春、季節外れとあってむしろ閑散状態。高級ホテルも多くは休業中。私は何回目かの滞在中初めて、カターニャ門を出た高台突端のホテル「エクセルシオール・パレス」に入った。

これが実は素晴らしい立地なのであった。目の前は遮るもの一つない無辺の空間。そこに秀麗なエトナ山が悠然と裾を引く。それを縁どる海岸線は遠く水平線と交わり、近くは覗き込むような崖下まで美しい弧を描いている。これがホテルの自室からの眺めなのだ。

このホテルに滞在し、連日時々刻々の風景を楽しんだ。特に夕刻の深いブルーは神秘のパノラマを見せる。

ここを拠点に朝夕の町の散歩と近在への小旅行も試みた。

海の、天上のタオルミーナ

海岸に下りると、そこは海のタオルミーナだ。文字どおり「美しい島」イゾラ・ベッラ。カーポタオルミーナは映画「グラン・ブルー」で知られる。

海岸線を辿ると、ジャルディーニ・ナクソス。ここは前七三五年シチリアで最初のギリシャ植民市となった。海辺の突端に記念碑と城壁等の僅かな痕跡がある、海水浴シーズンにはカラフルなパラソルで賑わう界隈だ。

この海辺から見上げると、湾曲する海岸の空にタオルミーナの山容がはっきりした姿を見せる。タウロ山（三九七メートル）山腹の市街と山上の城。それとさらに高い稜線にカステルモーラの村（五二九メートル）。

そのカステルモーラには、タオルミーナの頭上五キロの急坂を登る。まさに天上のタオルミーナだ。ここからのさらに広い大パノラマは今回初見。思わず息を呑んだ。

この村は現在タオルミーナとは別の自治体で、ドゥオモのサン・ニコロ・ディ・バリ教会を中心に一二〇〇人ほどが暮らしている。ここにも残る山上の要塞は、中世を通してタオルミーナ防衛の役割を果たしてきた。

タオルミーナは、歴史的にその中心部だけでなく、上下垂直の広がりを持つことが分かる。

カターニャへ

さて、タオルミーナからは、ここを拠点にもう少しこの地方を歩いてみる。先ずは、この町の南方の門カターニャ門の行く先へ。

シチリア東部への玄関口は、島で第二の都市カターニャである。イオニア海岸、エトナ山の南東麓に位置する。

この都市自体、エトナ山の噴火により再三壊滅の憂き目をみている。旧市街は一六六九年の大噴火、大地震で破壊された後、新しい都市計画で再興された。現在は直交する大通りを配した碁盤目状の都市だ。

そこに見るのは、黒い熔岩と白い石灰岩を重ねた独特の都市景観で、建物は当時流行したバロックとロココ様式。黒白の織り成す豪華なデザインは、市街の風格を形づくっている。そのなかで、この町の古い由緒を物語るものもないではない。ローマ劇場とオデオンの跡、円形闘技場の一端も市中に顔を出す。

近年の文化の香りも事欠かない。オペラ「ラ・ノルマ」で知られるヴィンチェンツォ・ベッリーニや新しい文学様式を拓いたジョヴァンニ・ヴェルガがこの町から出た。

しかし、現代の話題に上るのは、残念ながら町の治安が頗る悪いこと。一時は犯罪件数最多、「シチリアのシカゴ」の異名もあった。

思い起こせば、かつてカターニャ空港に降り立った時のこと。出口に待機するあまりに目立つリムジンがあった。胴長の真っ白なインペリアル。一瞬マフィアの車を連想したが、それはほかでもなく私たちを待つ予約車なのであった。この車でシチリア中を乗り回したのは愉快なことだった。

メッシーナ往復

タオルミーナから出かけた先は、ほかにメッシーナがある。北のメッシーナ門を出て、海沿いを北へ向かう。

観光路線から後れをとるメッシーナだが、その地政学上の評価は変わるものではない。ギリシャからローマへ、イオニア海からティレニア海へ入るメッシーナ海峡。潮流が渦巻き、航海の難所とされた。満潮カリュブデスと怪物スキュラの伝説と彫像（断片）が残る。現在この海峡は、シチリアとイタリア本土とのフェリーが結んでいる。

メッシーナの不幸は、一七八三年と一九〇八年の大地震、第二次大戦の戦禍で大半灰燼に帰したことだ。数少ない歴史遺産は、復元されたドゥオモなど。それに州立美術館だ。

私は以前ここに宿泊もしたが、ドゥオモ鐘楼の仕掛け時計は見そびれていたし、州立美術館は是非もう一度と再びやって来たのだった。

仕掛け時計（一九三三年、ストラスブール製）はとても精巧なもの。正午の鐘を合図にライオンが吼え、鶏が鳴き、「アヴェ・マリア」が流れる。それから一〇分間、上中下の窓それぞれに天使や聖人のからくり人形が回る。教会や鳩も顔を出す。これはなかなか面白いものだった。

州立美術館では、ここメッシーナに残るカラヴァッジョの大作二点（「ラザロの復活」、「羊飼いの礼拝」）、アントネッロ・ダ・メッシーナの多翼祭壇画（部分）を見た。イタリアでは、こうした地方都市にも国の宝がある。

滞在の終わりに

メッシーナからタオルミーナに戻ると、この町の滞在もそろそろ終わりに近づいた。

通りをそぞろ歩いて、土産物店や食料品店を冷やかすのも小さな楽しみである。たまたま立ち寄ったのは「サポーリ・ディ・シチリア」（シチリアの味）という店。パスタ・ディ・マンドルラ（アーモンド菓子）にアーモンド、ピスタチオ、レモン風味などの種類があり、お奨めに従って試食。シンプルで良いものだ。気に入って土産に買い求めた。

町のレストランも、舌の肥えた客の期待に応える。ドゥオモ広場に面する「アル・ドゥオモ」では、いか墨のリゾットが良く、メインはかじきまぐろに馬鈴薯の付け合わせが供された。落ち着いた昔風の店内で、ここ四、五日の滞在を振り返ってみた。窓の外は、古色のドゥオモが正面に見え、異邦人たちが三々五々、今宵も繁く広場を行き交っていた。

XV　華やぎの刻

フィレンツェ、シエナ滞在記

トスカーナ

二〇一七年五月半ば、フィレンツェは五月音楽祭の最中にあった。

この日の午後、常宿の「エルヴェティア・エ・ブリストル」を出てテアトロ・コムナーレに向かった。旧知の劇場はアルノ川を少し下り、一筋入った通りの中ほど。

ところが、暫く来ぬ間に事情は一変していた。そこにあったのは廃屋同然の旧劇場。不心得を悔いて漸く到着した新劇場は、その先のカッシーネの森にあった。近代建築のオペラ・ディ・フィレンツェだ。

カッシーネの森は、アルノ川右岸に沿って三キロ余も広がる広大な緑地。旧メディチ家の所

この日のオペラ「ドン・カルロ」の一場面

領が、今は市民に親しまれる整った公園になっている。

フィレンツェ歌劇場

フィレンツェで久し振りのオペラだが、手に入れたパルコ席も気に入って、この日の出し物に満足した。演目はヴェルディの「ドン・カルロ」。指揮ズービン・メータ。監督ジョン・カルロ・デル・モナコ。演奏はフィレンツェ音楽祭オーケストラによるもの。午後三時三〇分開演、三〇分間の休憩を挟み七時四〇分に終演した。

以前のテアトロ・コムナーレも、ズービン・メータだった。イタリア・オペラのレベルがとかくいわれるなか、フィレンツェとズービン・メータの相性が良いらしく、この日は観客の反応も申し分ない。

カッシーネの森も夜を迎えようとする。公園を抜けて市心まで真っ直ぐ徒歩で帰った。こんな町外れからも僅か二〇分、アルノ川沿いを散策すれば直ぐ繁華街だ。

レストラン

馴染みのトラットリア「ガルガーニ」で夕食をとった。路地の奥に佇む知る人ぞ知る繁盛店。シェフのエリオとは知り合って久しい。サルデーニャの実家に招かれたこともある。

ここの料理は、昔の味に思いがけず新しさが加わるのがよい。値段も頗るリーズナブル。夜遅くまで常連客で満席状態だ。まことに気の置けない、絵に描いたようなイタリアのトラットリアといってよい。こうした場で盛り上がる善意の喧噪に身を置くのも、他所にはない楽しみである。

最近は、レストランについて肩肘張ることはない。フィレンツェでもミシュラン三つ星の名店「エノテーカ・ピンキオーリ」にも御無沙汰している。多くの場合、ガイドブックは脇に置いて土地の人のお奨めに従う。そうでなければ、以前気に入った店を再訪する。

今回も、次の日は近郊アルティミーノの「ダ・デルフィーナ」へ。

フィレンツェからアルノ川下流へ約三〇キロ、見晴らしの良い丘の上のレストランだ。緑の季節、晴れた日のドライブも悪くない。ここでは、以前ビステッカ・アラ・フィオレンティーナの傑作と出会っている。

今も昔の窯に薪が燃え盛り、店はテラス席も広がって盛業中と見受けられた。入口に駐車場も整っている。

周りの眺めは寸分変わっていない。見下ろす山腹一面のオリーヴ畑。その裾にアルノ川の流れが見え隠れする。指呼の間の稜線に旧メディチ家の狩猟小屋も。

料理の方も、以前の味を思い出させた。二度目に裏切られるレストランもあるなか、ここは幸いデルフィーナ（創業者のおばあさん）の味、トスカーナの家庭料理のルーツが守られている。

この地が属するカルミニャーノは、メディチ家の別荘で知られるポッジョ・ア・カイアーノとともにＤＯＣワインの名産地だ。特に赤ワインはＤＯＣＧ（統制保証原産地呼称）の格付けがある。ビステッカにはこの上ない。

丘を渡る風に吹かれ、風光を愛でながらの食事は、普通の町なかでは得られない贅沢である。二人分一〇〇ユーロの食事代にタクシー往復二〇〇ユーロの交通費も無駄ではない。

ホテル

旅の良し悪しが多かれ少なかれ食事の良さ、楽しさに係わるのと同じく、ホテルの相性、居心地が重要だ。それには滞在のハード面もあろうが、ソフト面、スタッフの応待などが決め手になる。そして立地。

私の場合、フィレンツェで名のあるホテルは一通り利用し、そのうえで常宿ができた。それが「エルヴェティア・エ・ブリストル」。落ち着いたクラシックの趣、堅固な造り、ポイントに優美な「ジャルディーノ・インヴェルノ」。全体に大き過ぎず、華美でないことも良い。スタッフも親しめる。最後は市中のど真ん中ストロッツィ宮の筋向かいという立地。

さて、時は変わり二〇一九年のこと。このホテルは全面改装工事に入っていた。宿泊先は、やむをえずアルノ川を渡った初めての宿「ルンガルノ」へ。

このホテルの良さは、何といってもアルノ川に面した風景であろう。朝な夕な居室の窓から流れ下る川面、ヴェッキオ橋とサンタ・トリニタ橋、対岸の歴史的建物群を一望に収める。ホテルのレストランは、ミシュラン星付きの「サン・ジャコモ」。

フィレンツェ市内でホテルライフを過ごすのに絶好の宿ともいえる。同じフィレンツェでも、常宿と違う趣向がここにあった。

オルトアルノ

ここアルノ川の対岸（オルトアルノ）は、普段から訪れる地点は少ない。大きなポイントはピッティ宮殿とボーボリ庭園、サント・スピリト教会とサンタ・マリア・デル・カルミネ教会に尽きる。通りもポンテ・ヴェッキオから入るグイッチャルディーニ通り、サンタ・トリニタ橋からのマッジョ通りに普通限られる。

第二次大戦で壊滅したグイッチャルディーニ通りでは、破壊されたマキァヴェリの旧居の建材を路地に留める。　中世の大邸館を残すマッジョ通りでは、　傾城の美女ビアンカ・カッペロの旧居を見る。

しかし、オルトアルノに滞在して、改めてこの地の大きな魅力に気付くことがあった。それは、フィレンツェの下町の路地に潜む職人街、庶民生活に触れることだ。

サント・スピリト地区の下町では、トスカネッラ通りやカンプッチョ通りに家具や額縁職人の工房が並ぶ。中世の面影が残り、絵になる風景だ。カルミネやタッソの広場、朝市の情景も生活感を肌に感じさせる。

朝から夜までの滞在でないと知れないこともある。できるだけその中心にホテルを選ぶことが要諦であろう。

その土地の日常を一とき分かち合い、人々と交流する喜びも、その人にとって一つの旅のスタイル、旅の美学かもしれない。

シエナ滞在

フィレンツェから時々訪れるシエナの場合もそうだった。

シエナ中心部での滞在はなかなか実現しなかった。そもそも中心部に格好のホテルがない。これまではせいぜい郊外のホテルから通うことに。

ところが、二〇一七年の来訪では中心部のバンキ・ディ・ソプラ通りに新しい「グランド・

ホテル・コンティネンタル」が出現していた。新しいといっても、一六〇〇年代の邸館を改装した古色のホテル。内部はフレスコ画や中国陶器のランプなどで飾られる。
ともあれ、宿泊した居室は天井も高く、その昔のホールを思わせる広さだが、設備が新しく快適な居住空間であった。ここから日夜出入りしたシエナの市街がこれまで以上に身近になったことは間違いない。

この町のこと

歴史上のシエナについても、今回はシエナ自身の立場からその地理、地勢に思いを致す機会になった。

シエナは、南から溯上するアルビア川（オンブローネ川水系）の源流に立地する。同時に、ここは北から迫ってくるエルザ川（アルノ川水系）の源流部に当たっている。そこの三つの丘に現在の三つの街区、一七の地区（コントラーダ）が発達した。中世形成されたコムーネは、市壁の外にも領土を広げ、一帯を支配したシエナ共和国は、覇者フィレンツェとの抗争が宿命となった。

フィレンツェとは勝ったり負けたりの戦いだったが、一五五五年皇帝軍とメディチ軍の包囲に屈服して独立を失うに至る。シエナ軍はその四年後までモンタルチーノに立て籠もったが、遂に終焉を迎えた。

最後はフィレンツェに併合されたシエナだが、その固有の都市造り、美術、文化の伝統は根強く今に輝いている。歴史地区は世界遺産だ。

イタリアのロマネスク・ゴシック様式のなかで最も見事な大聖堂は、シエナの最も高く最も古いチッタ街区に聳える。次に中世都市の調和を体現したカンポ広場と独立を象徴する市庁舎は、サン・マルティーノ街区。第三にシエナの聖人ベルナルディーノ、聖女カテリーナゆかりの教会群がカモッリ街区にある。今回の私のホテルもこの街区だ。

三つの街区といっても、都市としてのシエナの一体感は比類がない。毎年カンポ広場で催されるコントラーダの競馬競技パリオは内外に有名である。

カンポ広場

ホテルからカンポ広場へは、バンキ・ディ・ソプラ通りを歩く。中心部でバンキ・ディ・ソット通り、チッタ通りと交わり（そこにメルカンツィアの開廊）、広場へと下る。こうしてシエナ滞在中、二晩にわたってこの広場に出た。

貝殻状の広場の要には市庁舎。ゴシック様式による最も重要な公共建築物だ。高さ一〇二メートルものマンジャの塔が加わる。緩やかに傾斜する広場をぐるり三方から取り囲む建物群は、揃って新ゴシック様式に復元され、空間の統一感が保たれる。

その建物群の軒先には一面広いテラスのテーブル席。ここは簡単な飲食と暇潰しに集う人々で終日賑わっている。私も夕方から夜の時刻をこのテーブル席で過ごした。賑わいはインターナショナルな観光客ばかりではない。地元の客が店員と話し、常連らしい客も出入りする。目の前の広場は夏にパリオの競馬が一周する走路だが、今は三々五々散歩する人々がひっきりなしによぎる。

こうした人々を眺め、正面の市庁舎やマンジャの塔の煉瓦壁が夕日の影を移ろわせる一とき。やがて日は暮れ、空は引き込まれるような紺碧の深さを湛え始める。

ガイアの泉の脇には、今夜も一人の男と三匹の犬が座り込んでいた。この男、辺りを気にもせず犬に餌をやり、自分も食べ、ここで生活の一部を営んでいるようだ。

市庁舎に描かれた「善政と悪政のアレゴリー」(一三三八~四〇年、アンブロージョ・ロレンツェッティ)を思い出す。二一世紀の今、城壁の内側はかくも平和な光景に満たされ、あの「善政」の画面に重なるようであった。

ヴェネツィアの一夜

ヴェネト

その日は昼前にローマ広場で車を捨て、水上タクシーでホテルに向かった。幸いアクア・アルタ（高潮）は起こっていない。毎年一〇月から四月まで、風や月の影響から、時にこの町は海面に沈む。今日は四月半ば、未だその心配がなくはなかった。

水上タクシーだと大運河の湾曲部を避け、ショートカットの狭い水路を進む。早々とサン・マルコ地区に着いた。所要時間たった一五分、料金七〇ユーロ（公定）。

ヴェネツィア観光事情

久し振りのヴェネツィアである。水の都の真ん中で最も水に近い時間を過ごしたいものだ。ということで、ホテルも「ダニエリ」や「グリッティ・パレス」ではなく、大運河の河口を扼する「モナコ・エ・グラン・カナル」に入った。

何しろ窓の下が舟着き場である。四六時中船が発着し、波に揺られてゴンドラが舫（もや）う。ヴァポレット（水上バス）の停留所も目の下だ。

ホテル前　税関の岬など大運河の河口の眺め

視界は、対岸のサンタ・マリア・デラ・サルーテ教会から税関の岬、さらにジュデッカ運河の河口の先サン・ジョルジョ・マッジョーレ教会までの広い眺望がある。

ホテルからサン・マルコ広場も近い。早速繰り出してみると、オフシーズンにもかかわらず大勢の人出があった。サン・マルコ大聖堂やドゥカーレ宮には行列が出来ている。今回予定したコッレル市立博物館にさえ行列が。

ヴェネツィアを訪れた最初の頃は、一種の興奮状態で見所は一挙に見尽くしたといってよい。それはひたすら感嘆と混乱の行程。今では一ヶ所ずつ時間をかけて観察することにしている。

サン・マルコ地区ばかりではない。各地区にヴェネツィアを代表する教会堂など見所が分布する。カステッロ地区にはヴェネツィア・ゴシックのサン・ジョヴァンニ・パオロ教会とサン・マルコ大同信会館。修復を終えたコッレオーニの騎馬像（ヴェロッキオ）も見たい。

サン・ポーロ地区にはサンタ・マリア・グロリオーザ・ディ・フラーリ教会とサン・ロッコ大同信会館。ティツィアーノの祭壇画「聖母被昇天」やティントレット畢生の大油絵が待つ。本来駈け足で回れるものではない。

一つ一つを訪ねる路地は迷路だが、多くの架橋を上り下りする経路自体、由緒と趣に富む観光コースである。

サルーテ教会とザッテレ

今回は大運河を渡り、ドルソドゥーロ地区へ。サンタ・マリア・デラ・サルーテ教会とザッテレを巡った。

この教会はホテルとは大運河を隔てるだけ、水際に正面が向かい合う。大理石から成る白亜の教会堂は、バルダッサーレ・ロンゲーナによるバロック様式の最高傑作。八角形プランの軀体を彫像が囲み、高く巨大なドームを戴いている。

大運河を渡るのはホテルからヴァポレットで一駅、近くにトラゲット（渡し舟）もある。対岸に渡ってみれば、振り返るサン・マルコ側の景色も新しく見える。

頭上に覆いかぶさるようなサルーテ教会は、改めてその大きさに驚かされる。内部は八つのアーチに支えられたドームの下、一つの広大な空間となっており、周歩廊が廻る。大祭壇の左手から狭い通路を抜けると聖具室。ここはいわばヴェネツィア派絵画の小美術館だ。奥の祭壇にはティツィアーノの「聖マルコと諸聖人」、天井にはティントレットの「カナの婚礼」など。

教会を後に大運河沿いを行けばアカデミア美術館だ。途中現代美術のペギー・グッゲンハイム・コレクションもある。しかし、これは今日の目的ではない。

教会の裏手へと小運河沿いを辿り、ザッテレに出た。この地区の小運河は水も清く、空も高い。ザッテレは、裏側のジュデッカ運河に面するおおらかな岸辺である。

ここはかつて内陸から材木を運ぶ筏の着いた場所で、倉庫群も立ち並んだ。中心地から遠く、修道院や救貧院も建てられたらしい。「不治の病者の病院」は須賀敦子女史の文章に詳しい。

ザッテレの岸辺は、今でも田舎風の建屋が多く、アーティストたちが使うらしい。観光客は少ない。いずれ水辺に近く、静かな散策に適している。ジュデッカ島にレデントーレ教会を眺める景色も良い。

夕べの散策

さて、この日の夜を迎える頃合いとなった。ヴェネツィアであれば、誰しもフェニーチェ劇場のオペラを思い浮かべるだろう。私も三ヶ月前に思い立って調べてみた。しかし、この時期オペラはなくコンサート、ロシアからオーケストラが来てチャイコフスキー（交響曲第六番「悲愴」ほか）を演奏する。それも切符の売れ行きがよく、並びの二席は取れないとのこと。

それは諦めても、このままホテルライフを過ごすのも不本意である。やはり町の夜を楽しむことにしよう。

再びサン・マルコ広場に出て、大運河の中心リアルト橋に向かう。

時計塔を潜り、ヴェネツィアの狭隘な目抜き通りメルチェリエを行く。二つの中心地、広場と橋を結ぶ最短路で、昔から商店が目白押し、要所に教会と小広場がある。

リアルト付近にはヴェネツィアで最初に人が住み、一一世紀には市が立ったという。そして発展するヴェネツィアの金融、商業の中心となった。政治の中心サン・マルコ地区とはメルチェリエが結んだ。

もちろん、界隈には他にも無数の路地が廻っている。今日はサン・マルコから最初の区間メルチェリア・ディ・オロロージョ（時計塔通り）を歩き、サン・ズリアン教会の小広場からは脇道の路地を巡った。

飛び出した広場は、サンタ・マリア・フォルモーザ教会前。ヴェネツィアで最も活気のある広場の一つで、昔は屋外劇場に使われた広さがある。四囲を名のある建物が囲む。

ここからは方角に見当を付けながら幾つもの小運河を渡り、路地を巡る。ゴンドラだけがヴエネツィアではない。路地の迷路もこの町ならではの楽しみである。半ば思いがけず、何とかメルチェリエの要所サン・バルトロメオ教会前に辿り着いた。

リアルト橋付近

サン・バルトロメオ広場は、既にリアルト橋に近く、大運河の左岸で鉄道駅から延びる道路も合流する。賑わいの中心地とあって、一気に人が溢れた。

リアルト橋も人の波だ。欄干からは思いおもいに河面を往来する船、水際のカフェ、舟着き場、西岸に連なる邸館の風景が絵のように広がる。

さて、四月の午後五時半の日は未だ高い。橋を渡った先をさらに徘徊する。一帯は今や食料品や飲食の町である。

市の立つサン・ジャコモ広場に出て、昔の商業地を偲ぶ。隣のファッブリケ・ヴェッキエは商業裁判所だった。ここは現在も裁判所だ。少し上流へ魚市場まで歩くと、大運河を隔ててカ・ドーロを見る。市場は休みで、がらんとした上屋を連ねるが、隣に青空市場が開いていた。飲食店もある。

リアルト橋の下流では、河畔にカフェやレストランが並ぶ。ここは世界中の観光客でいつも盛況のようだ。路地に入ると本式のレストランもある。ただし開店は午後八時から。

ここ運河沿いの一帯は、ヴェネツィアらしい賑やかさで、目の高さの運河の鼓動が肌で感じられる。しかし、その喧噪は思い出の夜を過ごすのにやや不向きであろう。リアルト橋を渡り返して再びサン・バルトロメオ広場に出た。この時、広場からとある路地に向かう地面に「グラスポ・ディ・ウア」と記された敷石を目にしたのだった。

懐旧レストラン

その瞬間記憶は蘇った。これは四半世紀前ヴェネツィアで初めて入ったレストランだ。見覚えのあるその路地は、嘘のように静かだった。古びた壁にぶどうの房を象った色ガラスの看板も昔どおりだ。それを見てこの時、未だ開店前のこの店に躊躇なく足を踏み入れた。そして、幸いにもそのまま客として迎えられ、図らずもここで一夜の宴を始める段となった。古めかしい店内を見渡す奥のテーブルに座る。歳取ったカメリエーレが一人、テーブルを磨くなど細かく手を動かしている。渡されたメニューをゆっくりと眺め、ここから長い夕食の時間が始まる。昼間の散歩は、挙げてこの夜のためにあった。

この店はヴェネト料理の老舗店の一つ。ヴェネツィアならではの料理を選ぶのはもちろんである。かにやいわしの海の幸アンティパスト・ミスト、いか墨スパゲッティに本日お奨めの魚の焼きもの。店内は寂しいが、私たち夫婦にはレストランを借り切った愉快な宴となった。ワインも進んだ。

ヴェネトの魚にはやはりヴェネトのプロセッコ・ディ・コネリヤーノであろう。ヴェネツィア共和国時代からこれが愛飲された。

食後酒のアマーロでは遣り取りがあった。ここにアマーロ・アヴェルナはなかった。あるのはアマーロ・モンテネグロ。

私たちは、シチリアのカルタニセッタにアヴェルナ社を訪ね、社長宅で歓待を受けて以来のアヴェルナ党である。モンテネグロの知識はなかった。しかし奨められ試してみると、これもどうして悪くはない。少し軽めながら草の後味が良い。

序でに、モンテネグロの由来はその王女エレーナ（イタリア王妃）に献じたもの（一八八五年、ボローニャ産）。四〇種のハーブ入り、アルコール度数二三度。

アマーロは、ほかにもアマーロ・デルベ（アスティ産）やアマーロ・ジャンナミコ（アブルッツォ産）などがある。

それにしても、ヴェネツィアではアマーロがあまり飲まれないのだろうか。店に在庫はなく、酒店まで行ってくれたがないとのこと。因みにこの夜、カンティーナ（酒庫）の勘定は店のサービスだった。久し振りの来店を喜んでくれたのである。

夜は更け、ほろ酔いの足で迷わないようメルチェリエを伝い、サン・マルコ広場を横切って帰った。ヴェネツィアの静まった夜も思い出によいものだ。

コッレル市立博物館とカルパッチョ

翌朝は、早速コッレル市立博物館へ行く。ヴェネツィアでこれまでに見逃した美術館だ。サン・マルコ広場の大聖堂と反対、西側の棟（ナポレオン棟）に入口がある。広場南面の新行政館にかけ、ここには一四〜一八世紀の美術、歴史資料が集められている。当時の市街を描いた地図や絵画、生活の記録や遺物もあって興味深い。

美術館は、ヴェネツィアの絵画にフェッラーラ派やフランドル派の作品も加え、ヴェネツィア美術史を繙(ひもと)くかのようだ。およそ年代別にベッリーニ一家の展示室（第一三室）、カルパッチョの部屋（第一五室）と続く。

ここに見るカルパッチョは、有名な「二人のヴェネツィアの女」（一五一〇年頃）である。いつの間にか表題の「ドンネ」（女）が「コルティジャーネ」（娼婦）に変わった曰くつきの絵画。風俗画といってよい。

二人の女が欄干のある屋上テラスに寛いでいる。二人とも画面の右に座り、視線を左手の宙に向ける。暇に任せて手元は犬と戯れながら、表情や動作に倦怠感が漂う。全体に黄褐色、中間色の画面で、きりっとしたところがない。これではあまりカルパッチョらしくない、というのが大方の見方ではなかろうか。

「聖ウルスラ物語」連作（一四九〇〜九六年、アカデミア美術館）にあるように明晰、克明で、その中に極立つ鮮やかな赤を見るのがカルパッチョであろう。

それに、カルパッチョはやはりあの「カルパッチョ」でなくてはならない。「カルパッチョ」は、イタリア料理の前菜に供されるあの真っ赤な生肉料理だ。由来はカルパッチョの画面から赤のインスピレーションを得たもの。発祥はヴェネツィアの老舗レストラン「ハリーズ・バー」と聞く。

「ハリーズ・バー」は、今回のホテルと狭い路地を挟んで直ぐ向かい側にある。今夜はここで「カルパッチョ」といこうか。

人世を思う

サルデーニャ　サンタンティオーコの人々と（286ページ）

XVI　民族衣裳

民族衣裳オン・パレード

サルデーニャ

ここはサルデーニャ島のヌーオロ、真夏のレデントーレ祭だ。

八月二六日の当日、ヌーオロは晴れ。静かな朝を迎えた。

ホテルの朝食は何処も変わらぬ光景だが、ここでは一人民族衣裳の男が目立っていた。衣裳は板に付いていて、所作も堂々としている。立派な髭は一族の長たる風格があった。

一体如何なる人物か。尋ねてみるとサンタンティオーコから来たという。ホテルの別館に案内されると、そこには民族衣裳に身を固めた男女二〇人ほどがいた。今日の祭りのため、はるばる島の南端からやって来たのだった。写真を撮ったり、暫く交歓する。

民族衣裳は、村人のアイデンティティだ。祖霊とともにある。原初の絆がここに生きている。今朝のこの一団には、彼らの人生そのものを直感させる雰囲気があった。

サルデーニャは、祭りと民族衣裳の宝庫である。

レデントーレ祭は、島中の民族衣裳が集結する大祭なのだ。ホテルの朝は今日これからの祭りの良き前触れになった。

民族衣裳のパレード

パレードの出発は午前一〇時。駅前のラヴォーロ大通りから町の東西の目抜き通りを経て、大聖堂前のサンタ・マリア・デラ・ネーヴェ広場に至るコース。

見物には、どうやらその中間地点、ラ・マルモラ通りからガリバルディ通りに移行する地点が見所であるらしい。そこには臨時の桟敷席が設けられ、パレード一行の歌や踊りが披露される。また、向かいのノストラ・シニョーラ・デレ・グラツィエ教会の大階段からも通りを見下ろすことができる。

桟敷席には役人や警察関係者、地元の名士などが陣取り、大衆は道路の両側を埋める。隙間で近在トナーラの名物ヌガーが色とりどり売られていたりする。

人々のざわめきのなか、出発から小一時間していよいよこの場所にパレードが到着した。

二頭立ての騎馬警官が先導、少し間隔をおきながら後は続々数十のグループがそれぞれの民

レデントーレ祭　桟敷席前の踊り

族衣裳で行進する。先頭に掲げる町村名は、カリアリ、サッサリなど都市部もあれば、ソルゴー、オラーニ、フォンニ、アリッツォ、オリエナ、ドルガリなどの近在も多く、あのサンタンティオーコのような遠隔地もある。

衣裳は町村によって千差万別。上衣、シャツ、ズボン、スカートから帽子、スカーフまで、その意匠、色合いが豊かだ。黒、白、赤、茶の地味な配色から目の醒めるような青緑色まで、きっぱりしている。

これらが代わるがわる現れては去っていく。なかにはグループによって桟敷席の前で列を改め、彼らの見せ場として伝統楽器の手風琴を奏で、輪になって踊る。軽やかに小刻みのリズムが特徴だ。

観客も楽しいが、一番楽しんでいるのは彼ら自身なのであろう。

こうして見飽きない時を過ごすこと二時間。これに続くのは、憲兵隊から成る騎馬行進だった。私たちは頃合いをみてこの場を離れ、行く先のガリバルディ通りに回ってみた。

ここでは、騎馬行進が続くなか、パレードの終点で解散になった民族衣裳の人々が三々五々折り返して来た。袖が触れ合うなか、寛いだ彼らとの交歓も楽しい。祭りは見知らぬ同士を親しくする。

フォークロアの祭り

なお、今日の日程はこれで終わったわけではない。この夜の八時半からこの地のフォークロアの祭りがあった。

ホテルで一服後、会場のフロゲーリ・スタジアムに駆けつけた。離れた場所なので車で行く。そこは広々したサッカー場。青天井の階段席からフィールドの一角の舞台を見た。そこだけが明々と照らし出されている。出演者の衣裳も、音楽も踊りのステップもこの地のもの。後ろの暗い木立から、ぬっと満月が昇り、中空に移っていく。時も移り、真夏ながら空気も冷えびえとした頃、会場を後にした。

これでレデントーレ祭の一日が終わった。

伝統仮面の行進

しかし、この祭りはこれだけのことではなかった。前日の二五日午後ヌーオロに入った私たちは、この日の夕刻にも大きな行事のあることを知った。これは日本での情報になかったこと。パリオと伝統仮面の行進が今宵の行事。なかでも伝統仮面は必見ということで、取るものも取りあえず会場へ急ぐことに。

行列の出発は午後七時。駅の向こうのサルデーニャ広場から。それをラ・マルモラ通りで待ち受ける算段だ。

既に真っ暗な夜。さして明るくもない街灯の下を仮面の行列はやって来た。仮面というのはカーニバルの仮面。この地方独特の木製品。黒塗りや角を生やした動物の異形の面ばかり。そこには太古の記憶が宿り、呪術の痕跡を留めるかのようだ。

仮面ばかりではない。身に着けるものに毛皮、動物の骨、鈍色（にびいろ）の金物などがあり、一行は一種異様な仮装行列といってよい。

行列には周辺の村々から十数組が参加。暗がりから仮装の集団が現れては、反対の闇に消えていく。趣向は一つ一つが異なっている。

代表的なものはマモイアダのマムトネスであろう。大きな黒仮面に累々たる土鈴の束を背負い、揺すりながら重い足取りで進む。通行人を搦（から）め捕る投縄の男も出没する。

オッターナのボエスとメルドゥーレスもある。相争う人と動物を描いた仮面。羊の毛皮を纏う。そして寿命の糸を紡ぐ老女フィロンツァーナが登場する。

珍しいのは女性の白装束、あるいは見上げるような竹馬の足長背高の行進など。

このように無気味な闇の演出は、孤島サルデーニャ人の自然への怖れ、先祖への鎮魂を深く感じさせた。

レデントーレ祭は、さらに最終日、民族衣裳の人々が大聖堂からオルトベーネ山へ巡礼する行事を予定していた。だが、その日は二六日から数えて三日後。これも予想外のことで、そこまでの余裕は日程になかった。

ヌーオロ滞在は三日間。かくて、心残りはあるものの、十分満たされた私たちの祭り見物は終わった。

サルデーニャ生活・民俗伝統博物館

祭りには一つおまけがある。

ヌーオロ滞在中、市内で訪れたのはサルデーニャ生活・民俗伝統博物館である。オノフリオの丘の中腹に位置する。

丘は大聖堂から続く台地の東縁に当たり、頂はオルトベーネ山やソプラモンテの山々を一望する絶景スポットだ。博物館の諸施設は、サルデーニャの村落のイメージでこの傾斜地に配置される。

ここは本格的に民俗資料を収集、展示する公立の複合博物館。一九七二年に設立、七六年から一般に公開された。七〇〇〇点に及ぶコレクションは衣裳、織物、宝飾品、木製品、楽器など。家事や仕事用具もある。珍しいのは昔からのパン類だ。多くが一八〇〇年代から一九五〇年代のもの。

衣裳部門の博物館は、とりわけ見応えがあった。レデントーレ祭にも登場した島内各地の民族衣裳が着付けされ一堂に整列。その数およそ八〇着。展示は保存のため、またコレクションの全部を披露するため定期的に交替するらしい。壁の解説パネルが興味深い。

また、祭りにも登場する仮面の博物館。バルバジアの羊飼いや農民のカーニバルの木の仮面で、これもマネキンを使った実演風の展示がある。マモイアダやオッタートーナに伝わるもの。遠く地中海民族のルーツに溯る伝承行事の証である。

パンのコレクションは、美しく大小様々な伝統パン類で驚くべきもの。保存されたもの六〇〇種（多くが今は作られない）のうち一〇〇種ほどの見本が整然と並ぶ。

これらのパンは、サルデーニャの四季、生活サイクルのなか、祭りや家族の幸、不幸それぞれの行事に合わせて焼かれていた。その趣旨や願いを込めた花輪や葉の紋様、人や動物、鳥などの姿形が大小問わず繊細に作られている。一見して細工物、手工芸品と見紛う。

衣裳からパンまで、すべて同根のこの地の人と生活の襞から豊かに生み出されていた。

忘れ得ぬ人々

サルデーニャ

サルデーニャでは、州都カリアリから古い習俗で知られる中部山岳地帯のバルバジアへ泊まりがけの小旅行に出た。

手配した車の運転手はダヴィデ君という青年。「今どきの若い者」に反して、頗る真面目、明るく気配りのよい人柄である。それになかなかの美男子だ。バルバジアの出身という。

車がバルバジアに入り、とあるバールに立ち寄ったとする。車の長旅では必ず休憩を入れ、コーヒー（といえばエスプレッソのこと）を飲む。一杯一ユーロが相場。

その時、ダヴィデ君は私たちの分まで支払うと申し出るのだ。いくらイタリアでも客の分を支払う運転手は先ずいない。その逆であろう。だが彼の言い分は、ここはバルバジア、自分のテリトリーだから持て成したいというもの。人間関係として郷党意識が優先するらしい。

そんなダヴィデ君と数日間を共にしたが、バルバジアの人々との交歓も面白く、忘れ難い体験をした。

オルトベーネ山で出会う

話をバルバジアの北の中心地ヌーオロの町から始めることにしたい。ヌーオロの町は標高五四九メートル。山岳地帯の裾の台地上にあり、大聖堂の位置する東端から深い谷となる。

その谷を隔てて堂々と聳えるのがオルトベーネ山（標高九五五メートル）だ。大きく隆起した花崗岩の山塊である。町からはもう一つの谷との鞍部を経て、眺めの良い山腹を登る。頂上までおよそ八キロ。

車を降りて暫く歩き、頂上へ。ローヴェレの樹々に囲まれた頂上には、救世主キリストの大きくダイナミックな銅像が立つ。巡礼者の一行がここで祈りを捧げるらしい。

頂上の見晴らしはこの上ない。ヌーオロの町も眼下に、ミニチュアの模型を見るようだ。ここまで、車を降りてから、実は居合わせた見知らぬ男が案内してくれた。そして帰り際にはそれとなく茶店に誘い、ジェラートを振る舞ってくれたのだった。その男もダヴィデ君も、旧知のように全く自然の振る舞いである。一体この男は何者なのか。

初老のこの男は全く赤の他人で、隣村オリエナ出のフランチェスコと名乗った。ダヴィデ君によれば、これが袖触れ合う仲のバルバジアの振る舞いだという。暫く談笑の後、何事もなかったかのように「チャオ」と別れた。

下山の途中、ベルヴェデーレの展望台からは、広い裾野の先に白く輝くソプラモンテ（一四六三メートル）の山容が望まれた。そして、山裾にへばり付いたオリエナの村が心なしか懐しく見えた。

山麓の小教会

ヌーオロでは、オルトベーネ山の裾野に興味深い二つの小教会を訪ねた。

一つは山の登り口の鞍部にあるノストラ・シニョーラ・デラ・ソリトゥーディネ（孤独の聖母）教会。二つの谷を見下ろす眺望のある場所に、簡素な切り石の白亜の姿を見せる。内部もまた至って簡素、真っ白な造り。

右側廊の壁際の床には、黒い柩が一つだけ置かれ、それがヌーオロ出身のノーベル賞作家グラツィア・デレッダの墓なのであった。簡素な墓は、無言のうちに彼女の生前の生き様を物語るかのようだ。

もう一つは、そこから奥の谷側の高み、細い山道の林間にあるマドンナ・ディ・ヴァルヴェルデ（緑の谷の聖母）教会。これは自然石を細かく積み上げた素朴な平屋建て、入口アーチの上にもう一つの小アーチで鐘一つを吊るしたロマネスクの外観。

真っ暗な堂内で目を凝らすと、古い聖母像に新しいバロックの祭壇が鎮まっていた。この小教会を誰が守るのだろうか。

この僻地の人々を思う。生きる世界が如何に狭くとも、人生の不安や怖れは変わらずに背負うもの。住民は、この小さな空間で大いなるものに身を委ね、代々を生きているに違いない。

裏手の草地には馬が二頭草を食み、近くには古のドムス・デ・ヤナス（横穴墓室）が永遠に眠っている。

オリエナの語らい

ヌーオロからは、次のオリエナへ。

オリエナでは、閉まっていた郷土料理のレストラン「サ・コルテ」を開けてもらい、遅い昼食をとった。女主人のジョヴァンナさんと私の妻とは話が合うようで、楽しい食後の一ときとなった。

伝統衣裳の美しさで有名なオリエナである。ジョヴァンナさんが私物の衣裳を持ち出して見せてくれた。ブラウス、上衣、スカートなどおよそ八つのパーツが丁寧に畳まれ、大事に保存されている。手に取ると予想以上に重いものだ。

大変手の込んだ衣裳である。ロングスカートの裾など細かいプリーツ地にも色鮮やかな刺繍が施される。そのプリーツの襞は普段は仕付け糸で整然と縫い留められ、収納されているのだった。これらは代々母親から受け継ぐが、新調すれば優に一万ユーロを超えるという。

彼女は美声とはいえないが味のある声で、抑揚の利いた滑らかな話し振り。話題は刺繍、料理からパンの作り方に移った。教室も開いている。日本人の生徒もいるということだ。広いレストランの一隅に作品の展示があり、なかでも繊細な細工物のような伝統パンに驚かされた。慶弔の行事に応じて様々決まった形がある。今や廃れつつある伝統を後世に引き継ぐのだという。

山上の村々

オリエナを発つと、これからはジェナルジェントゥ山塊に分け入る道に入った。山腹を登る。周囲のぶどう畑は、当地の銘醸ワイン、カンノナウ（赤）を産する。

やがて辿り着くのはマモイアダの村。特異なカーニバルで知られるこの山上の村は、街角にマムトネス（カーニバルの主役）が描かれ、マムトネス博物館が客を待つ。今の時期は閑散としている。

バルバジアの村で最高所にあるのが、山塊北部のフォンニ（一〇〇〇メートル）である。マドンナ・ディ・マルティーリ聖所記念堂（一七世紀）で知られる。骨粉を絵具に混ぜた聖母像が信仰を集めている。ここにもここの祭り、伝統衣裳、菓子作りがあるが、また島で唯一のスキー場もあった。

道はさらに山塊の懐深い奥地を行く。切れ込む谷の斜面にはひっそりデーズロの村。年配の女性は今も日常着に伝統衣裳を纏っているらしい。

急なカーヴと上り下りの山道。道端で羊や牛、豚に出会うことがあった。放たれた家畜もあるだろうが、野生のものもいるという。

オリエナから二時間半、山塊の南西面に当たるアリッツォに着いた。

アリッツォ、ダヴィデ君一家

アリッツォは、バルバジアのなかでも垢抜けた避暑地だ。等高線上の街道に面し、サン・ミケーレ・アルカンジェロ教会（一四世紀）が建ち、居住区が山腹の上下に広がる。

この町にダヴィデ君の実家があった。車で町に入った途端、道行く人々とダヴィデ君の挨拶が始まった。「トゥッティ・アミーチ」（皆が友だち）だ。

教会に隣接する街道のバールでは、彼と馴染みの主人が私たちのため振る舞い酒で乾杯してくれた。

ダヴィデ君の実家は、折れ曲がった坂を下り、居住区のいわば底辺に下りた通り沿い。家は入口の階と階上のほか、階下にも続く立体構造だ。それぞれの階が居間や食堂、寝室になっている。上り下りはあるが、よく整えられた居住環境に見えた。

ダヴィデ君から是非招待したいとの誘いがあって、私たちはこのお宅へお邪魔したのだった。

ここマロットさん一家の温かい歓待は、この旅で忘れられない思い出となった。料理自慢の母親の手料理、飾らない人柄の父親との会話。

私たちが関心を寄せた伝統衣裳のこと、村々で違う伝統菓子のこと、諸々食卓の話題は楽しく尽きない。

一家の伝統衣裳も披露してくれた。デザインは全体に単純だが、よく見るとなかなか凝っている。婦人用のスカートは花模様の帯が斜めに走り、赤と臙脂（えんじ）の生地を分ける。ダヴィデ君は、自分の衣裳を着込んで現れた。純白のシャツに短ズボン。裾で広がる上着は漆黒の生地に細く赤い縁取り。赤いチェックの裏地が付く。膝下は黒のブーツ。このように、はっきりした白黒の対比に赤がアクセントを添えるシックな出で立ちである。

話題の伝統菓子は、別れの時当地のアマレットをどっさり土産に持たされた。

伝統衣裳のダヴィデ君

この山奥の小さな平和な村で、恐らく再会することはない一家の、いつまでも続く幸せを祈りたい。

XVII　祭り

広場を駈ける聖母

アブルッツォ

「マドンナ・ケ・スカッパ・イン・ピアッツァ」（広場を駈ける聖母）とは、アペニン山中の町スルモーナの復活祭恒例の聖劇である。

二〇一九年の復活祭は、四月二一日（日）。この日のために前年から日程を組み、前日には現地に入った。

前夜のスルモーナ

この町は、周りを二〇〇〇メートル級の山々が囲む盆地にあり、交通の便はあまり良くない。しかし、ローマ以前にも溯る歴史は古く、奥深い魅力を秘めている。なかでもローマ時代の代表詩人オヴィディウスの出生地として、また中世金細工などで栄えた伝統の町として昔風の気品ある街並みと風習を残す。

町の北の外れには、守護聖人聖パンフィロに捧げた大聖堂。ローマ時代のアポロン、ヴェスタ神殿の跡に建つ。町の中心までは細長い公園と散歩道で繋がっている。

私のホテルは、大聖堂と道を隔てて隣合う街角にあった。復活祭の行事がある町の中心まで、ホテルから随時公園と散歩道を往復した。

先ず、二〇日（土）の夕方町のメインストリートに入り、サンタ・マリア・デラ・トンバ（聖墳墓）教会を訪ねた。ここには明日の聖劇の立役者、聖母とキリスト、聖ペテロと聖ヨハネ四体の立像が安置される。

この時教会は、意外なことに人の気配がなく、薄暗い堂内に両聖人の立像が、担がれる組み棒の上に置かれていた。キリストの像は目の前にはなかった。

聖母の像はこの時何処にどうあったのか。この夜九時を目途に喪服姿でガリバルディ広場の向こう側サン・フィリッポ・ネリ教会に移される筈であった。

聖劇の来歴

ここで、明日の聖劇が如何なるものか予習しておきたい。

聖劇の舞台は、町の中心ガリバルディ広場。先ず、聖墳墓教会からキリストと二人の聖人が広場の入口に到着。両聖人は広場の奥のサン・フィリッポ・ネリ教会に赴き、キリストが復活した喜びを伝える。悲しみの聖母は俄かにそれを信じないが、やがて広場に出てキリストの復活した姿を目撃する。喜びの聖母は直ちにキリストを目がけ全力で走り出す。その瞬間、これまでの喪服は明るい緑の衣に一変、白いハンカチは紅色のバラとなり、爆竹が響き、鳩が飛び立つ――。

こうした物語のプロットは、何分一般に信じられているものではない。キリストの復活劇は、墓からの復活に目撃者がいないうえ、聖書で三人のマリア（聖母ではない）とその後の弟子たちへの出現（我に触れるな、エマオの巡礼、トマスの不信など）が伝えられるだけである。

スルモーナで独特の復活劇があるのは何故か。これは私の理解を超えるが、手に入った資料では中世の古文書にある典礼劇に源があるようだ。一四世紀に書かれた資料の断片「四人目の戦士の役割」（大聖堂記録保存所）に、当時大聖堂前で繰り広げられたキリスト受難劇について四人目の演者の役割と他の三人の分担が記述されていた。劇はいつ中断されたか不明だが、いつしか実演した演者四人がそのまま四体の像に置き変わって行われたらしい。

そして、この典礼劇には自然と人々の生活に係わる古い俗信が結びつき、その年の吉凶や豊凶が占われた。即ち聖母の走りが見事に成功すれば良き年、失敗は暗い前兆になる。鳩が高く自由に飛べば豊作、低迷すれば期待外れに。

その日の朝

さて、いよいよ二一日（日）。復活祭の当日を迎えた。

朝九時半にはホテルを出て、再び聖墳墓教会へ向かう。教会ではミサが終わり、正面のプレビシート広場に行列の準備が整えられた。

先頭に楽隊。次に林立する大きなろうそくとランプの列。これを揃いの衣服の人々が各一本を捧げ持つ。キリストと二聖人の立像は、それぞれ四人の男たちに担がれて続く。キリストは裸像、二聖人は暗い紺と茶色の地味な衣裳だ。

行列は一〇時出発、メインストリートに出て僅かな距離を二〇分ほど、ガリバルディ広場の入口に到着した。群衆がそれに従う。

広場の入口は、一三世紀の水道橋が横切り、そのゴシック様式のアーチが門構えになっている。行列はそこに留まる。

広場は縦長の大広場で、中央に噴水がある。広場を駈ける聖劇のコースは、見所が噴水の前とあって既に多くの見物客が囲んでいた。この時点では未だ人垣に隙間があり、噴水の縁に陣取ることができたのは幸運であった。時とともに人は増え、コースの両側は目白押しになった。

聖劇一部始終

始まりは漸く一一時半頃。二聖人が広場の入口からこのコースをサン・フィリッポ・ネリ教会へ向かう。ここからは丁寧に、形式に則ったプロセスが進む。

先ず聖ヨハネが教会の扉口に立ち、中の聖母（昨夜遷座した）にキリスト復活の喜ばしい告知をする。聖母は信じず扉は開かない。次に聖ペテロが扉口で説得を試みる。しかし変わらず。そこで聖ヨハネが二度目に挑戦。

最初の山場は、聖母が半信半疑ながら扉を開け、表に出現した時である。会場からどよめきと拍手が湧き起こった。ただ、このシーンはその近くからでないと目撃できない。

喪服姿の聖母は、この後広場のコースに現れ、静々と進む。

クライマックスは正午ちょうど、聖母の歩みが噴水近くに差しかかった瞬間。復活したキリストを目視したその時、担ぎ手のリーダーの一声で猛然とダッシュがスタートした。同じ瞬間、喪服のマントは滑り落ち、喜びの聖母は全身輝く緑衣に変身する。それは目にも止まらぬ早業で、また駈け足の速いこと、あっという間に目の前の聖母は後姿になっていた。白いハンカチが紅いバラになる目の前の出来事も、実際には見えていなかった。

爆竹が鳴り、観衆の興奮状態は最高潮。今年の鳩は空高く舞い上がった。

聖母が復活したキリストに合流したところで、聖劇は幕を閉じる。

この一部始終を、間近に町を見下ろす雪山が、昔から寸分変わらぬ姿で見守っていた。

一二時三〇分頃、広場から町内への行列が始まった。ろうそく、ランプの隊列に二聖人、聖

行列の緑衣の聖母　アヌンツィアータ至聖所前

母、キリストの順に立像が進む。一行はお揃いの白い衣服に緑の外衣。

私たちは、およそ四〇分後、この町の記念的建造物アヌンツィアータ至聖所の前で行列を迎えた。沿道の混雑は祭り気分を盛り上げる。四体の立像を揺らしながら過ぎる行列は、この町の古びた情趣に如何にも似つかわしいものだった。

振り返って

それにしても、今年の聖劇は大成功といえるだろう。過去には失敗もあった。町民はこの成否に大変センシティヴだという。

一九一四年と四〇年、一人の担ぎ手が躓（つまず）き立像が倒れることがあった。それが二度の世界大戦の凶兆と受け取られた。そのほかにも事故は起きている。五八年には操り紐の不具合から聖母のマントが脱げず、手で外す破目に。八四年には立像が傾き倒れかかる。二〇〇五年には小さなトラブルに加え、雨で聖母が倒れそうになった等々。しかし、それ以外無事故というのは驚くべきことだろう。

ともあれ、この日はホテルで休憩の後、再度町の中心に出た。

午後六時過ぎ、聖墳墓教会はミサの最中。行列を終えた立像は、元の居場所に戻っていた。祭壇の左にキリスト、右に聖母、右側廊の奥に二聖人。役目は無事に果たされ、祭りは本当に幕を閉じたのだった。

なお、スルモーナに来て知ったのは、復活祭に先立つ聖週間の行事である。

聖金曜日には、死せるキリストの行列があった。出発はサンティッシマ・トリニタ教会。横たわるキリストの柩に喪服姿の聖母が従う。これはそれ自体重要な宗教行事だが、復活祭の聖劇の伏線でもあろう。

聖木曜日は最後の晩餐の夕べ。すべての教会で秘跡を行う伝統の墓を用意する。これは悪運にからむ迷信と混じり合ったものらしい。

水曜日は復活祭の準備だ。聖墳墓教会では聖母の走りがリハーサルされる。教会の右側廊で担ぎ手の四人組が走る。何しろ失敗が許されない重大な任務である。彼らは同じ身長、体格のチームで投票により選ばれるという。

月曜日の夕べ、サンティッシマ・トリニタ同信会、サンタ・マリア・ディ・ロレート同信会では、聖金曜日と復活祭の行列を指揮するリーダーの選挙が行われる。

一連の祭事には、このようにスルモーナの各教会が広く参画し、決まった役割を果たすということだ。

こうして、「広場を駈ける聖母」の聖劇が伝統のスルモーナの底力で滞りなく実行され、今年の春が明るく迎えられたことを知った。

グッビオとアッシジ

ウンブリア

古都グッビオ。古ウンブリア語で書かれた歴史的な「グッビオの銅板」（コンソリ館）が知られる。エトルリア文字とラテン文字が使われ、古代ローマ以前の歴史を証言するもの。グッビオで知られるのはまた、この町の珍しい祭り「コルサ・デイ・チエーリ」の行事である。毎年五月一五日、聖ウバルドの命日の前日にこの祭りが行われる。

今回は、この日に合わせて旅行日程を組み、フィレンツェからウンブリアに入り、ここグッビオを訪れたのだった。しかし、中世そのものの市中に適当な宿はなく、少し離れた旧修道院のホテルに投宿した。

グッビオ市街

テヴェレ川の支流からさらに分かれた山間の平野。それを見下ろすインジノ山の斜面にこの町は築かれた。

町外れの山麓には大きなローマ劇場（一世紀）。山腹に中世の栄華を留める石造りの市街が手付かずに残る。

中世、コムーネ時代はペルージャともしばしば争いながら、一四世紀繁栄の頂点を極めた。その後ウルビーノ公園の支配下から教皇領に移り、近代の統一時代を迎えた。

歴史の町は、コンソリ館の建つグランデ広場が中心。上手のドゥオモとドゥカーレ宮に通じるドゥカーレ通りや、下手へバルジェロ館やサン・ドメニコ教会に延びるコンソリ通りは、おしなべて急な坂道だ。それらは皆重厚な中世の建物に囲まれ、厳粛な趣がある。

コンソリ通りで見るものは、多くの建物にあるいわゆる「死者の門」。坂の上部から直接二階に通じる暗い扉が昔を語っている。

コルサ・デイ・チエーリ

さて、五月一五日。この日はこの古い町を揺るがす勇壮な祭りの日だ。

「コルサ・デイ・チエーリ」。「コルサ」は競走、「チエーリ」は一種の神輿(みこし)であろう。神輿というのは、高さ七メートルに及ぶ木製の柱状体（長い二体を縦に連結したもの）で浮き彫りが施されている。重さおよそ五〇〇キロ。

三基のチエーリは、頂上にそれぞれ聖人像を戴く。その一は町と石工組合の守護聖人聖ウバルド、その二は職人と商人の聖ジョルジョ、その三は農民の聖アントニオ。下端には井桁の担ぎ棒が付く。

これを各十数名の男たちが神輿のように担ぎ、町なかを競走するのだ。最後はインジノ山上の聖ウバルド教会へと山道を駈け上がる。奇祭というべきか。

現地で手に入れた祭りのスケジュールは次のとおり。

早朝五時半のドラムで祭りは始まる。八時、伝統の石工組合の小教会で最初のミサ。一〇時にはカステッロ門で参加者へ花束贈呈があり、グランデ広場まで行進。そこで司祭、市長立ち会いの儀式。一一時にはチエーリのお披露目がある。

その後町内へ。沿道の市民の歓声を浴びた後、チエーリは競走に備え、午後二時にはゆかりの小教会付近に安置される。

競走の開始は午後六時。先ずはダンテ通りから駈け下り、休憩を挟んでマッツァティンティ通り、そしてグランデ広場へと駈け抜ける。最後は聖ウバルド門から一気にインジノ山へ。終了は午後八時。

ところで、この競走は、チエーリがバランスを崩しつつ突っ走る熱狂的なもので、沿道を埋め尽くす見物人も巻き込んで大騒動になる。

ガイドブックによると、至近距離での見物は危険極まりない。安全上、町外れのクワランタ・マルティーリ広場の大型スクリーンで実況を視聴するのがよいとのこと。

しかし、これでは折角現場に来た甲斐がないというもの。早めに町に入り、行事の合い間に

コンソリ通りを行くチエーリ

チエーリの移動などに立ち会った後、グランデ広場で祭りの輪に入ることにした。

グランデ広場にて

この日町は閉鎖され、チエーリの競走路、見物客の通路が確保されていた。ローマ劇場の脇が広い駐車場で、ここからは徒歩で町に入る。折から生憎の雨模様。古びたコンソリ通りは陰影を深め、グランデ広場に至って漸く空が開けた。

グランデ広場は、別名シニョーリア広場。傾斜地に造られた人工地盤で、谷側の眺めが良い。一方にはコンソリ館、他方にはプレトリオ館（現市役所）があって、山側に商店や居住区が密集する。

競走の始まった午後六時には、広場は意外と閑散。始まった競走の実況は、広場に面するバールに陣取ってテレビ画面を見た。なるほど、熱気溢れる実況はもみくちゃのチエーリが傾き、頂の聖人像があわや物にぶつかりそうな場面も映し出す。

溢れる熱気がこのバールの入口に達したのは、そうした直後のこと。広場に飛び出すと、現物のチエーリが目の前で揺れ、三基が三基とも物凄いスピードで広場を旋回する。人の渦がそれを囲む。巻き込まれたらそれまで。建物の隙間から嵐の過ぎるのを待った。

担ぎ手はここで一息入れるが、交替する気配はない。七時にはまた聖ウバルド門を目指して坂の町を疾走して行った。

チエーリのユニークな構造や競走の由来は詳らかでない。しかし、競走で躍動するチエーリは、まさにこの町の地霊を思わせた。それと、祭りの本質は人々のこの熱狂にある。

旧市街を後にする時、止んでいた雨が再び降り始めた。

アッシジ

グッビオからの帰途、同じペルージャ県内にアッシジを訪ねた。

かつて同じ五月、カレンディマッジョ（五月一日祭）でこの地を訪ねていた。これは中世とルネサンス期を追想した時代祭だ。見物に胸躍らせた体験は、歳月を経ても脳裡にある。

アッシジは、いうまでもなく聖フランチェスコの町である。アッシジがペルージャと争ったコムーネ時代、聖人の驚異の生涯があった。

聖人没後七〇〇年を記念した巡礼（一九二六年）と聖人が全イタリアの守護聖人に祀られた

人を集める。

こと（一九三九年）をもってこの町は現代に復活した。聖人ゆかりの場所が、今も全世界から人を集める。

宗教の町である。ここでは聖フランチェスコを讃える国民の祝祭（一〇月三、四日）や宗教上の催しが毎年手厚く行われる。

アッシジでは、旧市街の内外に点在するこれらの地をまた一巡した。墓のある聖フランチェスコ教会は、大伽藍がジョットの連作をはじめ有数のルネサンス絵画で飾られる。一方逝地のポルツィウンコラ礼拝堂は、簡素、無欲を象徴している。

因みに、これら世界遺産の遺跡は何処も一切入場料が不要。観光で料金制の教会も多いなか、さすがの計らいと思える。なお、イタリアで最近一般化した滞在税もアッシジにはない。

今回は、アッシジの市街をゆっくり散策した。スバシオ山の裾に傾斜状に形成された町だ。中世の城壁に続く山上の城塞ロッカ・マッジョーレにも登ってみた。眼下の市街と広くウンブラ谷を見渡す眺望が素晴らしい。

中世都市アッシジの基礎になったのは、ローマ時代のアシシウム。その中心部に曲がりくねった坂道の現在の街区が発達した。市内にはローマ時代の遺構が幾つも残っている。

中心のコムーネ広場にはミネルヴァの神殿跡（前一世紀）。コリント式の柱列を残し、一六世紀サンタ・マリア・ソプラ・ミネルヴァ教会に改造された。

中世を残すアッシジの中心部に、格好のホテルはない。グッビオと同様。過去何回かの宿泊地は県都ペルージャか、ワイナリー「ルンガロッティ」社のトルジャーノ、山麓のアグリツーリズムなどだった。

しかし、今回の宿はコムーネ広場に接する中心街区の小館。アッシジの市内を十分に見るためだ。

この夜この宿を出て、コムーネ広場の噴水に隣合う古い邸館のレストランに入った。テラスから広場を見下ろしながら三時間。あの日カレンディマッジョで陽気に沸いたこの広場も、忍び寄る夕闇に静寂の中世を取り戻していた。

この町でグッビオのコルサ・デイ・チエーリはありえない。グッビオにはグッビオの祭り、アッシジにはアッシジの祭り。祭りとは、結局その町その町そのものなのだ。

XVIII　美食・ワイン

赤ワインと白トリュフ

ピエモンテ

アルバが食都たるゆえんは明らかである。イタリアを代表する赤ワインの銘醸バローロ、バルバレスコ、それに食通に珍重される「白いダイヤ」白トリュフを擁することだ。

ランゲの恵み

DOCGワイン、バローロ、バルバレスコは、アルバの後背地ランゲの丘陵地帯からやって来る。ランゲは、北東がモンフェラート丘陵に続き、北から西はタナロ川、南はリグリア・アルプス、東はボルミダ川に画される地域。

丘陵地帯は標高四〇〇～八〇〇メートル。それぞれが細い尾根（土地の言葉でランガ）で連れる。

続し、ぶどう畑の広がる景観は他に類を見ない。バローロ、バルバレスコのネッビオーロ種をはじめ、一般的なＤＯＣ、ドルチェットやバルベーラといった赤ワイン品種も入念に手入れされる。

この景観にアクセントを添えて、丘陵の襞に村々が点在し、高みに城が建つ。

二〇一四年、この地は「ピエモンテのぶどう畑の景観（ランゲ、モンフェラート、ロエロ）」の名で世界遺産（文化遺産）に登録された。これは単なる自然景観でなく、土地利用に表れた文化的伝統が評価されたもの。

一方、白トリュフは、おおむねこの世界遺産の地域で樫や科木の森の地中から採取される。そのなかでタナロ川南部のランゲと北部のロエロでは地質が違い、微妙な差異があるという通人もいる。

この食材の価値や取り引きについては、いろいろ謎めいた部分がある。しかし、変わらぬ大きな経済効果と生活文化をこの地にもたらしていることは間違いない。

何しろ高価な白トリュフである。イタリアの各地でもトリュフ犬の獲得や生育地の植林に乗り出し、産地も広がっているらしい。これもアルバの白トリュフに化けるのか、取り引きの表舞台は依然アルバである。

毎年一一月初旬、アルバでトリュフ国際市が開かれる。私も覗いたことがあるが、産地や品質、価格など素人に理解する術はない。

トリュフの需要はヨーロッパに限らない。輸出はフランス、ドイツのほかに、アメリカと日本が多いという。かつて銀座の高級料理店で一皿二万円の料理に驚いたことがある。

アルバ市街

さて、私が初めてアルバを訪れたのは一九九〇年のこと。面白い「ろばのパリオ」を見た。それは隣町アスティからの侵攻を皮肉ったユニークなろばの競技で、毎年一〇月ドゥオモの周りで催される。

アルバは、密集した中心部を、城壁跡の多角形の街路が取り囲んでいる。そこにローマ時代の痕跡と中世の構造そのままが残される。

ローマ時代のフォロ跡がリソルジメント広場。そこに建つ初期キリスト教起源のドゥオモは、一五世紀末のゴシック様式、地下に後期ロマネスク様式の遺構を残す。広場には中世以来の市庁舎も。周辺の建物もロンバルディア様式の特徴を示すロマネスク・ゴシックやバロック様式が多い。

一三世紀に溯るサン・ジョヴァンニ・バッティスタ教会は、今回初見の教区教会だ。ここでは当地に作品を残したバルナーバ・ダ・モデナやマクリーノ・ダルバの作品を見る。左側廊第一祭壇には稀なる美貌のマドンナがおられ、惚れぼれと足を止めた。

教会前の広場は、当地出身のローマ皇帝プブリコ・エルヴィオ・ベルティィナーチェの名に因む。ここにブロンズの胸像があり、ローマ時代の遺構もあった。

狭い街路に見る塔や塔状住居も、旧市街の中世を伝えて余りあるもの。

この町のホテル事情は、町外れに中級ホテルがあるもののあまり良いとはいえない。今回は幸い中心部にできた隠れ宿を知ることができた。小さな邸館を改造した「パラッツォ・フィナーティ」。一〇部屋に満たず、レストランはなし。静かなうえ、中心広場まで二、三分の至近距離は、何よりの便宜だった。

アルバで食す

アルバでの楽しみは、この食都での食事にある。アルバは最高級のワイン、トリュフの生産地であるばかりではない。最高の消費地としてこれらの美味を享受し、生活を楽しんでいる。ワインもトリュフも、ここ地元の料理が一番であってよい。特産のパスタ、タヤリンやアニヨロッティも、そのためにあるようなものだ。この地を訪れるのは、そのお裾分けに与るためである。

夕食は、リソルジメント広場に臨むレストラン「ピアッツァ・ドゥオモ」に繰り出した。近年ミシュランの三つ星に昇格した店である。狭い入口を潜り階上へ。内装も設備も斬新モダンな空間へ通される。

料理は次々、フランス風に演出の利いた品々が出された。味は誰もが感心するが、私には少々塩辛いのが難。いずれ、食材を誇るこの地に三つ星のレストランがあるのはよいことだ。私の口に合うならなおさらよいのだが。

郊外のマドンナ・ディ・コモには「ロカンダ・デル・ピローネ」がある。以前訪れた時は改装前で、家族的雰囲気の好ましい店だった。白トリュフの塊が目の前の皿に惜し気もなく削り取られ、目減りしたグラム数で値段が付いたのを覚えている。当時から星付きだったが、今回ここもモダンに変身して当世風になっていた。地元料理から離れ、厨房と客席が遠くなるのは、何処でも最近の傾向である。

ランゲを行く

さて、ランゲ地方の道は、文字通り細い尾根を辿って行く。ランゲはぶどうやトリュフ、それにポルチーニ茸の産地として、秋の収穫の季節が最も美しい。アルバからは、いつも複雑に通じたこれらの道を目指す。

今回の目的地も、先ずグリンツァーネ・カヴール。アルバから南へ八キロ、堂々たる城はイタリア統一の立役者カヴール一族の居城で一三世紀起源。ここで、エノテーカ（ワイン貯蔵・販売所）と本格的なレストランが旅人を迎える。

セッラルンガ・ダルバは、アルバから一四キロ、一二世紀の城がある。丘陵地に建つ城とし

ぶどう畑に囲まれた　グリンツァーネ・カヴールの城

てピエモンテでも有数のもの。途中フォンタナ・フレッダには同名の名門ワイナリーがある。この地はイタリアを統一したヴィットリオ・エマヌエーレ二世の子孫が開いたという。サヴォイア王国お膝元の由緒がここにも及んでいる。

尾根筋の違うバローロは、アルバから西寄りに一三・五キロ。あの名醸の名を生んだ地だ。ここも一面のぶどう畑に囲まれ、丘の上の城に農民生活文化博物館がある。密集した坂の村内は、古くからのワイナリーやエノテーカが、街路にワインの香りを漂わせている。

アルバからさらに西寄りの尾根を一二キロ進むと、ラ・モッラに至る。ここはどの村より高く、標高五一三メートル。ランゲを一望するパノラマに恵まれる。

一転してアルバから東方へ、タナロ川沿いを行くコース。向かうのは八キロ先、バルバレスコの村だ。

ぶどう畑の斜面の上に一基、中世の塔が建つ一つの丘。ここバルバレスコに、この有名ブランドを確立したワイナリー、ガイア社がある。丘の斜面を利用して最上階から下の階へ、ぶどうからワインへの製造工程が進む。大規模な近代工場といえるもの。

ネイヴェの村も、丘の高台である。バルバレスコより東寄り、モンフェラートに近い。一三世紀の時計塔や幾つもの教会の尖塔が村の全景を美しく見せる。村内には、貴族の館がワイナリーになるなど中世の建造物がよく保存される。ここは、「イタリアの最も美しい村」の一つに登録される。

このほかにも数多い村々を訪ねるには、まだまだ多くのランゲの道を辿らなければならない。道すがら例外なく、趣のある有名、無名のレストランに出会うことだろう。

ここで地元料理に地元ワイン、地元トリュフにありつければ、これ以上の贅沢はあるまい。

食はパルマにあり

エミリア・ロマーニャ

イタリアには、食べ物やワイン、それと切り離せない土地の表情や人情など、後々まで旅人を引き付けて止まない場所がある。旅の途中、一晩はなるべくそうした場所に宿をとり、食事を楽しむようになった。旧知の場所と人々との再会も楽しい。

イタリア料理店事情

イタリアの料理店の背後には、食材の畑、豊かな農山村がある。優秀店の多くはその農山村に立地している。また、農山村に囲まれた地方都市が大いに注目される。長い歴史の文化的蓄積と経済力が食の世界を支えてきた。

訪れて宿泊もしたいのは、そうした所である。イタリアの食の奥深さは、そこにある。

しかし、旅を重ねると嬉しいことばかりではない。料理店の消長は世の常だが、ある時はなくなっていたり、すっかり変わった有様に面喰らうこともある。

家族の事情で店も変わる。シェフが絶えれば店仕舞いである。逆に優秀な息子が店を拡張などすれば、以前の良さが消え去ってしまう。かつて素朴で温かな家族経営の店が高級店になり、近代的な設いと格式ばったサービスに落胆した経験もある。

序でに言えば、イタリアでもEU加盟後食品の規格や衛生基準のほか、様々なスタンダードが変わってきた。優秀店の料理にも画一化、一種フランスかぶれともいえる傾向が窺える。責任の一端は、イタリアの素材本位を軽視するミシュラン・ガイドなどにもあるだろう。

パルマ

パルマは、エミリア・ロマーニャ州西端の県都である。古エミリア街道上のローマ植民都市に始まり、中世都市国家の抗争を経て、一六世紀からイタリア統一までファルネーゼ家とブルボン朝のパルマ公国（ナポレオン時代の一時期はマリア・ルイジアの統治）として栄えた。そこに長い独立国の伝統を見る。

イタリアの食はパルマにあり、とよくいわれる。食都として誇るべきものも、その歴史の文脈で理解される。

料理は美味で種類も多く、優秀有名な食材が揃う。パルマの生ハム（プロシュット・ディ・パルマ）やパルミジャーノ・レッジャーノのチーズは最高級品で、EUの原産地呼称でもしっかり保護される。これらは古くからアペニン山脈の北麓からポー川にかけ、パルマを中心に育まれた。

旧市街に点在する料理店にはしばしば足を運んだ。それには歩ける距離の市中に宿泊するのが便宜である。その意味で最近中心部の由緒ある邸館を改装し、ミニ・ホテルが出現していることは喜ばしい。

今回の宿「パラッツォ・ダラ・ローザ・プラーティ」は、ドゥオモ広場の入口、名高い洗礼堂に隣接する絶好の場所にあった。昼間群衆を掻き分けて入った広場の夜は、一転森閑とした無人の闇に包まれた。夕食に出かけたレストランは目と鼻の先、同じ広場の対面にある「アンジョル・ドール」。食事中ずっとドゥオモの正面と洗礼堂を眺めながらの贅沢に恵まれた。

バッサ・パルメンセとクラテッロ

しかし、近年訪れる際の宿泊先は、必ずしもパルマ市内ではない。パルマから四〇キロほど離れた町ブッセートに泊まる。そこはバッサ・パルメンセ（パルマの低地）、ポー川沿いの純農村地帯だ。

一帯はポー川に沿う東西二〇キロの地。タロ川とオンジーナ川に画される。南北は一〇キロほど、昔の沼沢地だ。ブッセートのほか、ジベッロ、ポレジーネ・パルメンセ、ソラーニャ、サン・セコンド、ロッカ・ビアンカなどの町が点在する。

バッサこそ、サルーメ（豚肉加工品の総称）の王様クラテッロの産地なのだ。クラテッロはパルマの生ハムとは別もので、使われる豚肉の部位、とりわけ製法に違いがある。熟成に必要な気象条件は、冬場深い霧の這うバッサ以外にはない。

ただ、近年は当地でもEUの厳しい衛生条件から工業的製法が主流で、伝統製法による本物が姿を消している。稀少な自家製品にありつくには、ここ本場に足を運ぶしかない。

そしてこれを一ひら口にすれば、その馨しい風味や絶妙な質感に魅了される。合わせるワインは微発泡性赤ワインのランブルスコあるいはより軟らかい地元のフォルタナ・デル・タロ。甘口のスプマンテも良い。そのハーモニーに酔いしれるだろう。

バッサの料理店

幸いにも、バッサには自家製のクラテッロを供する料理店が幾つか残っている。

今回はポレジーネ・パルメンセに「アンティカ・コルテ・パラヴィチーノ」を訪ねた。ミシュランの赤フォーク三本、星付きの高級店だ。パラヴィチーノ家の城を改装したもの。ポー川の堤に沿って、辺りは自然状態。砂利道を行くと、小さな野兎が飛び出して驚かされる。秋の午後七時半、真っ暗になってから店は開いた。

先ず、地下のカンティーナに熟成中のクラテッロを見る。洋梨型の塊がずらりぶら下がる様は壮観。その数およそ五〇〇〇個がそろそろ始まる霧の季節を待っていた。

階上にある料理店では、アンティパストにクラテッロ三種が出た。一八、二四、三一ヶ月と熟成度の違うもの。それぞれに風味は次第に深く、質感は引き締まる微妙な変化を楽しめる。

クラテッロ山盛りの一皿

好みは分かれることだろう。ワインはフォルタナ・デル・タロ。これも自家醸造。主菜は地元産の黒豚。全体を通してバッサの恵みが実感される。

なお、近くにある「カヴァリーノ・ビアンコ」も同じスピガローリ兄弟の店。広い緑のオープン・スペースが心地良い。

ほかに、古くからの「コロンボ」やジベッロの「ラ・ブーカ」で、家族経営の温かい雰囲気とクラテッロの美味を味わうことができる。最近よく訪れるのはベセンゾーネの「ラ・フィアスケッテリア」。農家を改造した設いとサービスが良い。

この狭い一帯は、稀に見る田舎の食都といってよいだろう。

バッサで期待を裏切られたことは、かつてない。

ブッセートの宿

このように、ここで存分に美食の夜を過ごした後、塒(ねぐら)に向かうのが程近いブッセートである。暗い夜道を一〇〜二〇分で帰着する。

ブッセートは、この地の領主だったパラヴィチーノ家の町である。近くはジュゼッペ・ヴェルディの出身地で、今やヴェルディ一色の町になった。中心の広場にはヴェルディ像。ゴシック風の城塞に役場とヴェルディ劇場が入っている。

この城塞に隣合って、同様に厳めしい趣の建物が続く。それが私の常宿とする「イ・ドゥーエ・フォスカリ」だ。

三層の煉瓦建て、内部は薄暗く古び、決して快適とはいい難い。エレベーターもなく、浴室もシャワーのみ。

しかし、バッサど真ん中の立地は有り難く、回を重ねると味わいも出る。宿の重厚な食堂でクラテッロを味わうこともできる。

室内はすべて木製。床から家具、ドア、要所に素朴な手彫りが施される。天井は高く、壁には必ずヴェルディの肖像画が掛かる。

朝、ベッドに起き上がってヴェルディと目が合う時、ああここはブッセートだと納得する。

なお、クラテッロは土産などに持ち帰ることはできない。一般に肉類は危険な家畜伝染病を防ぐため輸入は原則として禁止され、水際で阻止される。クラテッロを味わうには、やはり現地に足を運ぶしかない。

付言すれば、クラテッロには限らない。良きものは現地で味わうのが一番である。およそイタリア料理の香り立つ真髄は、料理人の技量だけではない。素材と水と空気と、その土地の生み出す精気がその土地の料理を生む。

イタリア料理は、イタリアで味わってこそイタリア料理なのだ。

北辺のワイン余話

フリウリ・ヴェネツィア・ジュリア

イタリアのワインでかねて気になる産地の一つとして、フリウリがある。

ここは大陸部へ続く北東隅のイタリアで、ラテン圏がゲルマン圏、スラヴ圏と相交わる。アルプスからアドリア海に至る丘陵地帯は、水捌け（みずはけ）のよい土壌に恵まれ、古くからぶどう栽培が盛んに行われた。

白ワインも赤ワインも同様に多く産する。白ではトカイ・フリウラーノ、赤ではメルロット種が多いようだが、外来品種を含め多種多様な品種が混在する。

フリウリ・ワインの魅力

イタリアのワインは、一般的には、元から商業生産を狙ったものではなかった。その土地に合ったワインをそこで楽しむ地元消費型である。今でこそ格付け制度が設けられたが、未だ厳格なものではない。

高規格のＤＯＣＧ、ＤＯＣやＩＧＴ（地理的表示）などが知られるが、格付けのない一般の

ＶｄＴが多く、なかには高規格ワインを凌ぐものも珍しくない。
フリウリの場合、特に知られる高規格ワインがあるわけではない。ピエモンテのバローロ、バルバレスコやトスカーナのブルネッロ・ディ・モンタルチーノ、キャンティ・クラシコのように著名な銘柄はない。

しかし、フリウリの魅力は、むしろそうしたものでなく、知られざる豊富なワインのなかで、これはという逸品を探り当てる楽しみである。

私の経験では、もう四半世紀も前のこと、イタリア有数のレストラン「ヴィッサーニ」（ウンブリア州南西部テヴェレ河畔のバスキ村在）の主人ジャンフランコが探し出した素晴らしいフリウリ産（白）に出会ったことだ。

その時からフリウリのワインは頭の片隅に留まっていた。その後分かったこともある。以前はＤＯＣの一群に埋もれていたピコリットがＤＯＣＧの格付けとなった。生産量が極めて少なく、デザートワインになる高価なもの。またＶｄＴのアマンドロ。この茜色の逸品が今はＤＯＣＧになった。その価値と規格が次第に一致してきたのかもしれない。

それにしても、フランスのワインのように商品性が極まり、事細かく規格のあることがそんなによいことかどうか。知る人ぞ知る逸品、発見の楽しみも許容される産地があってもよい。

ともあれ、未知なるものへの憧れや幻想は世の常、いつか自分の足で現地を歩きたい気持ちが芽生えていた。しかし、そのための周到な機会はなかなかあるものではない。

フリウリを歩く

今回は、「イタリアの最も美しい村」を巡る機会に、ワイン産地フリウリの片鱗に触れることにした。この旅でよく食べ、よく飲み、折を見てワイナリーを訪ねることで知られざる良きワインに出会えればよい。

「美しい村」は、フリウリの西部を縦貫するタリアメント川の沿岸。川下から辿ると、ヴェネト州の境界に近いセスト・アル・レーゲナにコルドヴァード、中流域のヴァルヴァゾーネにファガーニャの四町村である。

先ずはセスト・アル・レーゲナを訪ねる。ここはサンタ・マリア・イン・シルヴィス大修道院（八世紀）のお膝元。ベネディクト会によるこの大修道院は、一七九〇年に廃止されたが、ロマネスク・ビザンティン様式の教会の趣ある姿を今に留める。

塔門を潜って広大な構内に入ると静寂の別世界だ。教会の内部には一一～一五世紀のフレスコ画が残り、クリプタに聖アナスタジアの柩（八世紀）を見る。広場の先を流れる小川には遊歩道が何処までも延び、辺りは全くの田園風景だ。

田園風景の続く中、東五キロほどの距離にコルドヴァードがある。タリアメント川右岸の平地で、この地域の人々の営みを美しく凝集した村の佇まいを見せる。サンタンドレア教区教会をはじめ、ルネサンス様式の邸館やバロックの至聖所などを巡った。

ワインの町

この地域はポルデノーネ県に属するが、県都ポルデノーネは北西方向に少し離れた内陸部にある。タリアメント川をそのまま北へ遡るとカサルサ・デラ・デリツィアに至る。川とポルデノーネを結ぶ位置といってよい。

カサルサは、一帯のワイン産地の中心と目される町だ。別名が「ワインの町」。町の標識にもそう記されている。ポルデノーネ県とウーディネ県の広域にわたるDOCワイン、フリウリ・グラーヴェがこの一帯で生産される。

そのカサルサでワイナリーの情報を得ようと町の中心部に入った。しかし、当日は生憎の日曜日。インフォメーション・センターもワイン販売所も休みとあってこれは断念。そのまま近くのヴァルヴァゾーネに向かった。

ヴァルヴァゾーネは、中心に魅力的な歴史地区を残している。一三世紀起源の城に並び、中心のメルカート広場や柱廊付きの街区に格調ある邸館が連なる。一五世紀建立のサンティッシモ・コルポ・ディ・クリスト教区教会は工事中だったが、新ゴシック様式の美しい正面、内部には当時の珍しいオルガンが見られた。村の中心部には水路が通じ、随所に川辺の村らしい風流な趣がある。

マグレディ地帯のワイナリー「イ・マグレディ」

ヴァルヴァゾーネで幸いだったのは、軽食をとった店で近郷のワイナリーの情報が得られたこと。その足で向かったのは、北西にやや離れたドマニンスである。

ワイナリー「イ・マグレディ」

タリアメント川と州の西端を流れるリヴェンツァ川の間には、ぶどう栽培に好適な、痩せて乾燥した石混じりの土壌（マグレディ）が分布する。訪れたワイナリーはその名を冠していた。

ここは一九六八年創業、トム・バッコ家が経営する。自家農園の入口には、フリウリの代表木ジェルソを中心にぶどうの垣が放射状に広がる印象的な光景があった。構内では万事整然と環境に配慮した設備のなかで最新技術の生産を行っている。この点で地域の先導者たる抱負も担当者から聞かされた。

ワインは、プロセッコのＤＯＣエキストラ・ドライほかのスパークリング・ワインと、白五種、赤五種のフリウリ・グラーヴェＤＯＣワイン及び赤のＩＧＴワイン。

試飲の末プロセッコの高級品はなかなかの出来で、あるいはフランチャコルタに匹敵する逸品と思われた。少くもこの偶然の機会は無駄ではなかったようだ。御機嫌よく、序でに当地の結婚式に欠かせないという伝統菓子も求めた。こうした地元産品も広い売場に並ぶ。

なお、イタリアでは、ワインとワイン愛好家を結ぶため、毎年「オープン・ワイナリーの日」が設けられる。二〇一九年は五月二五日（土）と二六日（日）。ワイナリーにより予約不要・無料、要予約・有料、あるいは経営者との食事付き、解説付きなどコース別のサービスがある。

参加するワイナリーは、フリウリでは六八ヶ所、うちポルデノーネ県で八ヶ所。「イ・マグレディィ」も含まれる。ここは予約不要・無料コース。そのほかワインに合わせた料理の提供もあるらしい。

続く町と村

さて、ここからは先を急ぎ、川をなお溯ってスピリンベルゴに行く。

河岸段丘上の居住地の端にゴシック様式のドゥオモ（一三世紀）と同じく古い城。田園の空気にヴェネト風の気品が漂う中都市だ。周囲にはぶどう畑と果樹園が広がる。

ワイナリーの中心地の一つでもある。私の知る「アドリア」の銘柄で地域のワインを日本に輸出するファンティネル社もここにある。

スピリンベルゴの丘を下り、ここでタリアメント川を渡る。ウーディネとの間に、最後の村ファガーニャを訪ねた。ここには小高い丘があり、二つの城を見る。

一つは城跡で、登り詰めた糸杉の高台に城のサン・ミケーレ教会（一三〜一四世紀）があった。その時突然、がらんがらんと大音響の鐘が鳴り響き、いつまでもこれが鳴り止まないのだった。無人の丘に歴史の気配が感じられたのは鐘が静まった時だ。無限の静寂。

サン・ダニエーレの生ハムとプロセッコ

さて、ここまで来れば、遠からぬサン・ダニエーレ・デル・フリウリに寄らなければ済まない。パルマにも並ぶ生ハムの産地へ。

この町は、タリアメント川左岸の氷堆石カールの丘の上。生ハム生産の成り立ちは、その伝統技術によるが、この地の微気象が最適の条件にあることだ。アルプスから涼しい微風が下り、ここでアドリア海からの湿気と交わる。氷堆石の土壌は湿気の調整に役立つ。これで熟成に必要な完全なバランスが整うという。

生ハム工場の建つ町は、ヴェネト風の建築の古めかしさと開明の活気を共々に感じさせた。

ここからはウーディネを経て、宿泊地のチヴィダーレ・デル・フリウリに向かう。

フリウリの食事には、サン・ダニエーレの生ハムが欠かせない。これは毎回の食卓に上った。ところが、メニューの生ハムにサン・ダニエーレの表記はなく、「オズウァルドの生ハム」とある。これはサン・ダニエーレの代表銘柄で、一般的にこれが通用しているらしい。

そのオズウァルドに一番相性のよいワインは、プロセッコだった。その結果、毎回のワインもプロセッコ。そして地元の肉料理には赤ワイン。フリウリの白を試す機会は遂になかった。チヴィダーレは、ウーディネ県の東端に位置する。直近にワイナリーは多く、またゴリツィア県も近い。ヴェネツィア・ジュリア地方も狭いながら、コッリオやフリウリ・イゾンツォのDOCはじめ赤、白多くの優良ワインを産する。短い滞在では出会う機会がなく、残念な気持ちのみ残した。

チヴィダーレ最後の夜は、中世の街路に佇むレストラン「アル・モナステッロ」だった。例によりオズウァルドにプロセッコを合わせながら思った。

未知なるワインを追って幻の逸品に遭遇する夢は、今回の旅で叶えられたとはいえない。「イ・マグレディ」のプロセッコはその入口だったかもしれない。しかし、フリウリは広い。続くヴェネツィア・ジュリアにも未練がある。またの日を楽しみにしよう――。

XIX　望郷

山国への誘い

アブルッツォ、モリーゼ

イタリアの山国といえば、先ずアブルッツォであろう。州都はラクィラ。ローマから一二〇キロの地。アペニン山脈の中央部を占めるこの地域は、イタリアの屋根といってよい。

イタリアの屋根

そこにあるのは南北へ二列の山脈。その一は、グラン・サッソ・ディタリア（標高二九一二メートル）からマイエッラ（二七九三メートル）へ続く東方アドリア海側の主たる山脈。その二は、ヴェリーノ山（二四八七メートル）からマルシカ山地（二二四二メートル）への西方ローマ側の次なる山脈。山また山と、険しい石灰岩から成る雄大な景色が広がる。

その中に、ラクィラやスルモーナのような大きな盆地、山々に囲まれた高原、少し開けた山間部や狭隘な谷筋が水系に従って分布する。

イタリアにあっても、山国には特別の何かがある。深い山が人に与える霊感があり、この国の聖人が聖痕を受けたのも、修道僧が祈りの生活に入ったのも同じアペニン山中のこと。自然に対する敬虔な気持ちがそこにある。

山国にはまた、古くからの住民がいる。志と憧れを持って広い世界へ飛び出す若者も絶えない。山の水が絶えず里に下るように。そして、水とともに人の一生は返らない。

一方、そのような山国を離れた後、外から、別の境遇で山々を眺める機会もある。四季折々その存在感と無言のメッセージを身に受けることだろう。人を育む自然、故郷としての山々がそこにある。

ロレート・アプルティーノ

私が最初アブルッツォの山を眺めたのは、東側から雄大な主山脈を一望した時だった。そこは裾野のターヴォ谷左岸の丘の上、ロレート・アプルティーノ。一つの丘を家々が埋め尽くす古い小村でのこと。

そして初めてアブルッツォの人に会ったのは、その村の有名なワインの醸造家であった。古くからの名家の教養人で、名はエドアルド・ヴァレンティーニ氏。

彼は単なるワインの醸造家ではない。ぶどう畑に始まる自然との対話、自然の声に従ったワイン造りに生涯をかけた、この道の頑固な哲学者といってもよい。

事実、彼のワインは一般的な地方品種（モンテプルチャーノ・ダブルッツォ、トレッビアーノ・ダブルッツォ）でありながら無類の逸品に育てられ、世上高い評価を得ている。

私が当地に来たのも、その評判を聞きつけてのこと。もう四半世紀も前のことだ。

その日は、麓のホテル「ラ・ビランチャ」から丘の頂上にあるヴァレンティーニ邸を訪ねたのだった。そして思いがけず一家の歓待を受けた。

思い起こすシーンがある。一つは大きな客間の入口で来訪の口上を述べる宿の主人と当主の受け答え。そのメリハリはまさしくオペラの一場面であった。二つは忘れ物を取りに邸館に戻った時。まま気難しいともいわれる当主が親切にも門前で待ち受けてくれた。

そして三つ目が、邸館の屋上テラスで家人と眺めたアブルッツォの山々。丘の上から遮るもの一つなく、白銀を戴くたおやかな稜線が青空に映えていた。その写真が今も手元にある。

この山々は、古イタリキ族の昔からこの地を見下ろしてきた。如何なる時も絶え間なくこの地を見守り、恩恵を与えてきた姿そのままに。

アブルッツォの山々は、私の脳裡に深く刻まれた。それは単なる景観でなく、先祖代々人間の営みと共に歩んだ保護者の面影として。

それはまた、私に一種の故郷を感じさせる。遠く故郷を思うのが望郷の念であるなら、その擬似体験をこれまでこの地に得てきたかもしれない。

コルフィニオ

このイタリアの山中に実際に足を踏み入れたのは、後年のことである。ある年ローマを発ち、西側からアペニン山脈に分け入ることがあった。分水嶺を越えた先にあったのは、コルフィニオの村。この辺り一帯はアペニン山地のど真ん中といってよい。

実は、この村で前九〇、八九年ローマへの反乱があった（同盟市戦争）。反乱した同盟市がここを首都にして戦ったのである。

アブルッツォの山々は、元々広く古イタリキ族が住み、史上最初にローマ化された地域である。北隣のウンブリアとラツィオにかけてはサビーニ人（「サビーネ女の略奪」にあるように、サビーニ人の女たちが二代目ローマ人の母親といわれる）、南隣のモリーゼにはサムニステ人がいた。彼らは前三世紀初めまでローマ人に激しく抵抗していた。

コルフィニオの村は、今は普通の農村風景だが、広場の家並みは今もローマ劇場のカーヴを引き継いでいる。ここで「イタリア」と刻まれた初の硬貨が造られたと聞く。

中世のアブルッツォは、一二世紀、時の教皇によりシチリア王の封土とされた。以降イタリア統一の一九世紀まで、ナポリを首都とする外来王朝の支配下に置かれていた。ローマの直ぐ裏山なのに不思議な気もするが、これも歴史の妙であろう。

この地には、様々な文化の影響から山国とは思えない傑出した文化財が数々残される。独特な気風のある大聖堂や修道院の建築が良く、ラクィラのサンタ・マリア・ディ・コレマッジョ教会のように直線で仕上げた長方形のファサードなど他に類をみない。

スルモーナ

そうしたなか、山間の町としてアブルッツォで最も魅力に富むのは、スルモーナであろう。先述のコルフィニオからは、国道一七号線を南へ一〇キロほどの地点。二つの山脈に挟まれた細長い盆地に位置する。

町は旧道に沿い南北に長く連なる。北端（ローマ神殿跡）に長方形ファサードを持つ大聖堂（九～一八世紀）、南端に古色のナポリ門、メインストリートの中心には記念的建造物のアヌンツィアータ至聖所（一三二〇年）が建つ。

美しいアヌンツィアータ至聖所は、ゴシック・ルネサンス様式、教会と館部分から成る。教会は一八世紀に建て直された。館は一五、一六世紀の三つの時期に建てられ、三つの扉口、繊細な窓、柱上の彫像で飾られる。そしてその全体が絶妙な調和と得もいえぬ気品を保つ。ここには現在市立博物館とインフォメーション・センターが入り、地下にローマ時代の邸跡が眠っている。

九月二〇日広場とオヴィディウス像

メインストリートのオヴィディオ通りを南へ。九月二〇日広場の角にはジョヴァンニ・デレ・パッレ館（一四八三年）があり、広場の中心にローマ時代の詩人オヴィディウスの銅像が立つ。

通りの先には、中世の水道橋（一二五六年）。二一のアーチを道沿いに連ね、道端のヴェッキオの泉（ルネサンス様式、一四七四年）に水を運んでいる。背後には町の中心広場ガリバルディ広場が開ける。

さらに少し先を入るとプレビシート広場。広場の奥（ローマ神殿跡）に由緒あるサンタ・マリア・デラ・トンバ教会（一〇七六年）がゴシック様式の扉口と薔薇窓のファサード（一四世紀末）を見せる。

こうした町の佇まいが長い歴史と、鄙には稀な洗練を感じさせ、町歩きを楽しくする。

また、一六世紀まで金細工が栄えた町である。製品は大聖堂の宝物庫や市立博物館に残される。伝統の名物は、色とりどりの砂糖菓子コンフェッティで、今も街角に彩りを添える。

S・M・P・E

さらに、この町のイメージを高めるのは、前四三年ここに生まれたオヴィディウスの記憶である。銅像があるのは先述した。

オヴィディウスは、ローマ帝政初期の代表的な叙情詩人である。騎士階級の名家出身。一時は町政にも係わったが、ローマに出て成功、名声を博した。雅な美しい詩句の代表作「メタモルフォセス」（変形転身物語）などで知られる。

しかし、一方「恋の技法」など扇情的といわれる作品で風紀問題を起こしたことも伝えられる。アウグストゥス周辺の女性問題に係わったとの説もある。そのためか紀元八年、辺境の黒海沿岸トミス（現ルーマニア、コンスタンツァ）へ流刑となり、帰国の願い空しくかの地で病没した（一八年頃）。

「スルモ・ミイ・パトリア・エスト」（スルモ我が祖国なり）。オヴィディウスの言葉の頭文字S・M・P・Eは、現スルモーナの町の紋章である。銅像の台座にも刻まれる。

いつぞやのこと、私のルーマニア旅行の際、是非にとコンスタンツァに立ち寄ってみた。ドブロジャ地方、ドナウ河口に近いコンスタンツァは、古来黒海の海港として発展した。市内の遺跡公園や考古学博物館にギリシャ、ローマ時代の建物の遺物を多く残している。考古学博物館の建つのは「オヴィデュウ広場」。オヴィディウスの名も残っていた。それにワイン。赤ワイン「ラクリマ・ル・オヴィディウ」（オヴィディウスの涙）をここで求めた。

それにしても、四六時中高い山並みを仰ぎ見るスルモーナ。他方明けても暮れても広い海原を見るだけのコンスタンツァ。S・M・P・Eを望郷とみれば、場所を違えてこそ悲痛な叫びとなる。コンスタンツァの海でスルモーナの山を思った。

パチェントロ、ペットラーノ・スル・ジツィオ

さて、話はスルモーナに戻し、近在に「イタリアの最も美しい村」の一つパチェントロのあることも触れておきたい。

東方モッローネ山群に八キロほど分け入った中世の村。標高六九〇メートル。村の最高所に巨大なカルデーラ城（一〇～一五世紀）の塔屋三基を見る。そのほか山腹に抜きん出て見える尖塔は、村の中心ポポロ広場に建つサンタ・マリア・デレ・グラツィエ教区教会。

集落の中は、傾斜に沿って狭い路地や階段が張り廻らされる。全体に整備が行き届いた感じ。紋章や表札のプレートにアートの心配りも見える。

「美しい村」の効果で、山国を訪れる人も増えているのだろうか。

スルモーナからは、さらに盆地の奥。南へジツィオ川を溯る。

ナポリ門を抜け、国道一七号線を行く。間もなく山々が迫り、谷が行き詰まる所、急峻な尾根に密集した一つの村が現れる。ペットラーノ・スル・ジッィオ（六二五メートル）。ここも中世起源の「美しい村」の一つだ。

国道を外れ、狭い山道から村の路地へ入ると、中心のサネッリ広場にパラッツォ・ドゥカーレ（現役場庁舎）と噴水、手前のウンベルト一世広場にマードレ教会、奥の岩場にカンテルモ城へと導かれる。いずれも山中にしては意外な大建造物だ。狭い尾根の広場からは、裏側の深い谷底が覗かれ、岩燕の群れが飛び交うのが見えた。

村の麓からは国道を折り返し、ジッィオ谷の奥をおよそ五〇〇メートルも直登することになる。その先には、アブルッツォの山が見せるもう一つの顔があった。何処までも続く草原である。チンクェ・ミリア（五マイル）平原。その真ん中を一直線に国道が続く。

ここで一つの分水嶺を越えた。標高一〇〇〇メートルの保養地ロッカラーソを過ぎ、やや広いサングロ川の流域に下る。

イゼルニア、モリーゼの道

国道一七号線は、カステル・ディ・サングロからそのまま南へ進む。ここからは直ぐにアブルッツォの州境を越え、もはや二〇〇〇メートル級の山は遠くなる。

モリーゼ州に入って最初の町はイゼルニアである。

イゼルニアも古い山中の町だ。古代サムニテス人の有力部族ペントリ族のアエセルニアに発するという。古語のアイセール（神）に由来する神聖な地名らしい。ペントリア地方は海から完全に隔絶していた。現モリーゼ州西部の県都である。

細長い旧市街は、二つの川谷に挟まれた岩鼻の上に延びている。過去四度の大地震と、第二次大戦での五度目の災難に見舞われている。歴史遺産は失われ、訪れた印象も古色に乏しい。それでも、古代ローマ神殿跡に建てられた大聖堂（一八三七年再建）では、鐘楼基部の玄関アーチに共和政後期の彫像四体が残る。中心のチェレスティーノ五世広場には、ローマ時代の建材を使った開廊式のフラテルナの噴水（一四世紀）が見られた。町立博物館は古代の碑文等を収める。

イゼルニアからさらに国道一七号線を行けば、サンニオ山地とマテーセ山地に挟まれた野の道となる。この道はかつて一度だけ通ってナポリに向かったことがある。

沿道に点在する村々は、いずれも古代部族に溯る曰くある土地柄。なかでもボイアーノは、マテーセ山地の麓で古のボウィアヌムに発する古い町である。この地域では一番大きく、ノルマン起源の立派な大聖堂が見られる。

道がモリーゼ州を抜ける手前で特筆されるのは、アルティィリア・セピヌムの遺跡である。古のローマ都市が九世紀サラセン人によって破壊された跡。市街の骨組みのみを残している。その印象は、前回「馬が住み、羊が通る野の遺跡」と記したように、ここにあるのはその昔のままの風景だ。

遺跡の東西の幹線は、ボイアーノ門から入り、ベネヴェント門で抜ける。モリーゼからカンパーニャへ、山国から文明の地へ向かう道である。

モリーゼの道中は短かった。なおモリーゼといっても、地政学的、歴史的にアブルッツォと変わるものではない。一九六三年までは同一の州だった。

このようにしてアブルッツォの山中を南北縦貫する旅は終わった。私にとって最初から最後まで故郷山国への思いに重なる懐しい旅であった。

最果てに見る幻

カラブリア

カラブリアは遠い。

イタリア半島の南端。長靴でいえば甲から爪先にかけての先端部だ。

山勝ちの僻地である。近代文明は最も遅くここに及んだ。

この地になお息づくのは、古代の記憶である。大ギリシャの植民都市クロトンやシバリスの興亡、ローマを震撼させたハンニバル最後の足跡、そしてローマ劫掠後の西ゴート王アラリックの最期。しかし、その記憶も古代史の大舞台の片隅に淡い影を落としたに過ぎない。

カラブリアを訪れる人は少ない。私もこの地に足を伸ばしたのは僅か三回。切っ掛けはイギリス人作家ジョージ・ギッシングの『南イタリア周遊記』（一九〇一年）だった。

ギッシングのコゼンツァ

ギッシングの旅は、ナポリから海路パオラに至り、山越えして最初の目的地コゼンツァに入るものだった。当時の交通事情では最短のコースだ。

コゼンツァは、古く先住民族ブレッティア人の内陸の都だった。カラブリアの大山塊シーラの西麓で、そこから流れ出るクラティ川にブセント川が合流する地点。ギッシングの言う「歴史に名を残す二つの川」だ。

四一〇年、西ゴート族の王アラリックがローマに侵入、掠奪品を携えてさらに南へ進軍した。しかし病を得た王はここコゼンツァで死に、莫大な財宝とともに合流点近くの川底に葬られたという。墓を作った捕虜は全員殺され、話は伝説になった。

ギボンの『ローマ帝国衰亡史』（一七七六〜八八年）を愛読したギッシングは、先ずこの地で熱心にこの故事の追憶を試みている。「アラリックの墓は、少なくとも半マイル川上、ブセント川が深い谷になっている辺りと考えるべきだろう」。

コゼンツァについて、ギッシングはほかにも興味深い観察を残している。狭く暗い泥濘のテレジオ通り、汚く臭い宿の様子、田舎者の住民や旅行者のありのままの振る舞い等々。今を去る一二〇年前の話である。日本でいえば明治三〇年代。

今のコゼンツァ

このギッシングに照らして今のコゼンツァを見て歩くのも面白い。

今は整ったテレジオ通りを上り、三月一五日広場に至る。広場には市立劇場。ギッシングの当時は荒れ果てた旧劇場も残り、新しい「ガリバルディ劇場」が完成したばかりだった。これを彼は「イタリアを醜く変え、殆ど破滅させてしまわんばかりの新建築熱」と罵倒したが、第二次大戦で焼け、今の姿となった。劇場ももう三代目だ。

ほかにも、建物の修繕と衛生の改善は市街の印象を一変させた。

最初の頃コゼンツァに立ち寄った時のことである。市立劇場と同じ広場に建つ県庁舎では、一人の議員氏が立派な県会議場を案内してくれた。この時既にコゼンツァ県の今日の発展が自慢の種であった。町が綺麗になったばかりではない。ここには大学も置かれ、「カラブリアのアテネ」とも呼ばれるようになった。

コゼンツァの位置する丘の頂には、中世ノルマンの城跡が残る。その廃虚も近代的な建材を補ってイベント会場に整備された。屋上からの眺めは抜群。シーラ山塊が見渡され、眼下に二つの川が合流し、新市街が開ける。

アラリックも、ギッシングさえも今や幻である。

ティリオーロ、二つの海

コゼンツァの麓には、今日カラブリアを縦断する高速道が通っている。これを南下するとティレニア海沿いに半島の先端レッジョに達する。

この高速道を、夕暮れ時、南下することがあった。

車がファレルナを過ぎてティィレニア海に出た時である。視界一ぱいの水平線にこの上なく美

城跡から眼下にホテル、村の主要部とカタンツァーロ地峡

しい寂寥の夕日を見た。火の玉の太陽がくっきり刻々と暗い水平線に沈んでいく。それ以外何もない荒漠の天地を沈黙が支配していた。

これがカラブリアなのだ、と思う。

辺りは俄かに暗くなり、今宵の宿へ急ぐ。長靴の先端に近く一番括(くび)れた地点がカタンツァーロ地峡だ。これを通ってイオニア海側のカタンツァーロに抜けることができる。その手前をシーラ山塊の一角に向け山道を一気に急登した。

そこに標高七〇〇メートルのティリオーロ村がある。村でも最高所の頂に城跡、そして数軒の館とわが宿「レジデンス・リストランテ、ドゥーエ・マーリ」があった。

この高みからは、カタンツァーロ地峡を眼下に、遠くティレニア海とイオニア海、二つの海（ドゥーエ・マーリ）を両側に同時に見渡すことができる。ティレニア海には、ストロンボリをはじめエオリエ諸島から遥かシチリアのエトナ山まで遠望される。

「ドゥーエ・マーリ」のクリテッリ夫妻とは一七年振りの再会であった。先方も私たちをよく覚えていてくれた。前回持参した土産や礼状など関係するものを早速引っ張り出してきた。断片的な思い出が蘇り、寄ると触ると互いの話題になった。

ここは以前からレストランが本業で、ホテルは当初私たちが訪ねた頃に始まった。以来ミシュラン・ガイドにも掲載されて盛業中らしい。ここまでやって来るのはやはりドイツ人が一番多く、次いでイギリス人、オランダ人、フランス人だという。滞在型も多く、客室にその設備もある。広い駐車場は、急傾斜に立つ吉野建てのホテルの屋上にあった。

ティリオーロの昔

ティリオーロの公共施設や村の主要部は、一段低い峰や鞍部に密集している。ホテルから見下ろせる場所に、村の博物館や古代遺跡の発掘現場があった。ホテルの紹介で、時間外にここを訪ねることができた。

この地はその稀な立地から、古来様々な謂われのあることが知れる。

ホメロスのユリシーズは、難船の後アテナ神に導かれるが、その途次二つの海の絶景を目にした土地がこのティリオーロだという。ユリシーズを象徴する記念碑が近くのイタリア広場の西側にあった。

ギリシャ人が入った昔から地名は知られていたらしく、村名も一説ではギリシャ語の「トリオロス」（三つの山）に由来している。地峡の往来を見張るのにこの地が最適だった。

ピタゴラス通りにある文化会館には、村の古代研究所があった。そこに前四世紀後半のブレッティア人の墓の実物が展示される。その他前四、三世紀の発掘品が主に並ぶ。研究所の裏手の空地に遺跡の現場があった。

また、これと同じ建物に別の入口を持つ民族衣裳博物館がある。実は以前私たちがこの村を訪ねたのは、ギッシングの書き残した民族衣裳を見るためであった。この時博物館はなく、同じ建物の図書室の片隅でたった二着の展示と僅かな説明を見ただけだ。

現在の博物館は、この地方一帯の多くの民族衣裳を加え、展示室が二つ、機織り台も置かれるなど見違えるばかりの充実振り。

特に婦人用の衣裳「パッキアーネ」は、多彩で目を奪われる。思春期に嫁入り道具に用意されるが、母から娘へ伝えられるという。それぞれ労働着、普段着、祭り着あり、また独身時、結婚後、未亡人の時と女性の人生のステージに応じたものがある。

この博物館で熱心な説明を受け、思わぬ時間を過ごした。前回とは一変した情況が、この村の長い歴史の一瞬のうちに起こっていた。

天空のレストランから

さて、夜の帷が降りると、宿のレストランの客となった。そこはやはり崖地の足場が支える空中の別棟である。下界の眺望が限りなく開ける。

そして現れるのは一面の闇と深い谷間の散りぢりの灯だ。灯は遠く瞬いている。そのなかで、何であろうか、点々と赤い灯の群れが呼応して瞬く。何か神秘的な光景。

古にユリシーズを導いた幻であろうか。

地理の上でも、歴史の記憶でも遠く来たカラブリア。

こんな最果ての旅先で、漆黒の山野に頼りなく瞬く灯を見詰めると感傷も湧く。「夜がまた来る、思い出連れて――旅の灯りが遠く遠く潤むよ」といった昔のメロディーも浮かぶ。

胸に去来するそこはかとない思いも旅心に重なる。

一方、眼前の食卓では地方色豊かな料理が登場した。肉やチーズや幅広麺も入った包み焼きが珍しく、主菜の仔牛、ポルチーニ茸にしても素材そのままの美味。付け合わせは新鮮なトマト、玉ねぎのカラブリア風サラダ。ドルチェはサービスの「ミッレ・フォォリエ」。

カラブリア最後の夜は更けた。

なお、翌朝、夜景に見た赤い灯は、一つ一つカタンツァーロ地峡に多い風力発電機と判明。

その数の多さに驚かされた。

ティリオーロからは土産を持たされて帰って来た。嬉しいのは、民族衣裳と同じ絹織物の布地。もう一つ、村に伝わるテラコッタの魔除けの面。

今となると、かの地に残る大昔からの記憶も私の持ち帰った懐しい体験も、遠い夢幻のように感じられる。

土産に貰った魔除けの異相の面だけが、今もわが家の裏口で日夜外を睨んでいる。

XX 一期一会

「ノン・チェ・ピュ」第一話

カンパーニャ

ナポリは、何といっても長く栄えた王国の首府であった。古きに始まり、近くは一七三四年にはブルボン朝のナポリ王国。一八〇〇年を挟むナポレオン支配後は、両シチリア王国としてイタリア統一（一八六一年）まで首府の座を保った。

ナポリの栄華

ヨーロッパ一の大都市パリに匹敵する栄華がそこにあった。その栄華と退廃は、当時ここを訪れた文人の筆で今の私たちも知ることができる。

『イタリア紀行』のゲーテは、一七八七年「ここにいるとローマのことなど全く思い返してみる気にもなれぬ。当地の快調な四囲に比べるとテヴェレ川の底地にある世界の首府は僻地の古寺みたいに感じられる」と言いつつ、その博物的関心を風土や人々の生活に注いでいる。

スタンダールの『ローマ、ナポリ、フィレンツェ』では、一八二六年「ナポリはパリと同じく大きな首都……イタリアの唯一の首都である。ほかのすべての大都市はリヨンを補強したくらいのものだ」と述べ、サン・カルロ劇場の有様や社交場の遺り取りなどを風俗観察の目で鋭く描いた。

イタリア統一は、ナポリにとっては独立の喪失、サルデーニャ王国の支配下を意味した。ナポリはイタリアの一地方都市に成り下がった。

今日私たちの見るナポリの素晴らしさは、自然の美しさは別として、殆どが独立王国時代に負うものだ。その歴史地区は世界遺産。統一後の見るべきものは、旧市街の貧民窟の解体や中央駅裏の新官庁街くらいのものか。

ナポリの今

ところで、この素晴らしいナポリも、今や車社会の真っ直中にある。ナポリ観光にも車は欠かせない。私が常宿とするサンタ・ルチア地区から旧市街まで、歩けない距離ではないが車に乗る。車が便利で安全なのだ。

しかし、ミシュランのガイドブックの言うとおり、「車の列が騒々しく延々と連なり、その渋滞のなかを規制遵守とは縁のないドライバーたちが、これを幸いと自らの臨機応変さ、大胆さと知恵を使って切り抜けていく」。

事実、皆が達者な運転の腕を持ち、これまでに事故を目撃したことはない。車の問題はむしろ駐車場にある。旧市街で下車したら、次は時間を決めて迎えて貰うほかはない。しかも場所は限られる。

そもそも旧市街の中心は、車が通れるどころではない。古くて狭い人混みの石畳だ。

再びミシュランは言う。「特にスパッカ・ナポリといった旧市街では、服装や行動があまり人目を引かないようにし、夜の散歩は避け、車の中には何も置かないようにして、いつも用心していることが大切である」。

ただ、治安の問題は、一九九四年ナポリ・サミットの頃から飛躍的に改善されてきた。一般人が立ち入れない無法地帯も解消に向かっているらしい。

それにしても、王国のあの栄華を誇る素晴らしいナポリが、物騒なイメージに身を落としたのは残念なことだ。

あの昔はノン・チェ・ピュ（もうない）。

ナポリ人

一方、私の知り合ったナポリの人々は明るく、間違いなく善人ばかりだ。そして皆が皆興味深いキャラクターの持ち主である。

思うに、前四世紀ローマ人に征服されたギリシャ人が、混血を重ねながら二四〇〇年の外来政権下を生き、ナポリ人になった。頭上を通り過ぎる権力は信用せず、家族や身の回りの絆を基盤に社会を築いてきた。恵まれた自然環境が身過ぎ、世過ぎを保障してくれる。

ゲーテの観察では、「ナポリの人たちは自分たちの所は天国だと信じ込み、……見るからに朗らかで自由で溌剌としている」、「差し当たりの必要品の豊富な土地は、勢いまた……幸福な性格の人間を作り出す……。刹那の満足、適当の享楽、一時の苦悩に対する朗らかな忍耐」。

もう一つ、明るく活発な生き方は、自分たちの力で天下は変わらない運命的な諦感に根ざすのかもしれない。同じ一八世紀の後半フランス革命で王制を倒したパリ市民とは、やはり違う星の下にいたようだ。

そうはいっても、ナポリの人々と接してみると、類型だけで語られるものではない。長い歴史のナポリが聖俗貴賤を呑み込んだように、個人の人間も多義的であって然るべきだ。スリ、かっぱらいを働く人間も、身の回りでは善良な顔を持つに違いない。

一人の子供と接触した経験がある。

それはヴェスヴィオ山を正面に望むメルジェリーナの丘でのこと。写真を撮って貰おうとその子供にカメラを渡した時、「もし僕がこれを持って逃げたらどうするのか」と聞いてきた。

「ブランディ」の主人と

なるほど一目散に逃げられたらどうしようもないだろう。「いや君は良い人間だ。見れば分かる」と私。少年はぽつり「グラツィエ」と言った。何がこの少年の胸を去来したのかは知れない。

性善説、性悪説はここでは通用しない。置かれた情況というものもある。袖触れ合う縁から交際が始まり、初めて相手のことが分かるだろう。そしてこちらも受け容れられる。

「ブランディ」

ピッツェリア「ブランディ」の主人とは、そのようなことで知り合った。

マルゲリータ妃とのエピソードで知られるピッツァ・マルゲリータ発祥の店。興味があって訪ねたのが最初の出会いだった。

もう老人の域だが大きな体軀、ぎょろ目、真っ白いマフラーを長々と垂らした堂々たる押し出し。

第一印象はカモッラ（ナポリのマフィア）の親分もかくやといった風情だ。これが店の主人でなかったら近づけない。

ところが人は見掛けによらず、彼は初見から大の親切で話好き。いろいろな物をくれた。来店免許状のようなものから、イタリア国旗やピッツァ・マルゲリータと同じ色、赤、白、緑を配した派手な大パラソルまで。

以後、ナポリ人のイメージが彼と完全に重なったのだった。

彼の店は一七八〇年創業の老舗。場所はキアイア通りを少し入った路地にある。この通りの入口には、これもブルボン朝時代からの老舗「カフェ・ガンブリヌス」があり、王宮の隣プレビシート広場に続く。

この界隈の繁華街のイメージもまた、彼と完全に重なった。

「ノン・チェ・ピュ」

さて、今回のナポリ旅行である。久し振りに「ブランディ」を訪ねることにした。以前ここで撮った写真も持参してきた。

「カフェ・ガンブリヌス」の脇で車を捨て、キアイア通りからかねて知る「ブランディ」の入口を跨ぐ。様子も全く変わっていない。横手にカウンター、正面の奥にピッツァの窯が見え、脇にある急な階段が二階客席に通じる。

客席で分かったこと——。店の雰囲気もピッツァの味も変わらないなかで、件の主人の姿だけがなかった。

店のスタッフ一同、写真を取り囲んだ時は大変賑やかだった。しかしその主人に触れると神妙になって言った。

「ノン・チェ・ピュ」（もういません）。

ゲーテやスタンダールが来る前から続くこの店の、現代の一時期が目の前で終わっていた。主人の彼が去り、儚い縁の私にもナポリ人やこの界隈との行きずりの一期一会が実感された。

持参したもう一枚の写真では、若い職人がピッツァを窯に入れる姿勢でこちらを見ている。得意気な表情である。駈け出しだった彼は今も現役で、熟練のピッツァイオーロだ。この日は残念なことに非番。

彼の名はジェンナーロ。ナポリの守護聖人と同名のピッツァイオーロに、次回また会ってみたいものだ。

「ノン・チェ・ピュ」第二話

カンパーニャ

ナポリでは、サンタ・ルチア地区に宿泊する。

ナポリ湾に張り出したこの地区の先端にサンタ・ルチア港と卵城。美しいナポリの風景で最も人気あるスポットの一つだ。湾に沿って延びる通りは絶好の散歩道で、ナツァリオ・サウロ通りがインマコラテッラの噴水の角で緩やかに曲がり、パルテノペ通りとなる。

通りからは、東に湾を隔ててヴェスヴィオ山、水平線にソレント半島が絵のように浮かぶ。西にはヴォメロからポジリポへの小高い丘が延び、夜になると斜面を埋め尽くす灯が息を呑む光景を見せる。

三〇年前最初にナポリを訪れた頃は、ナツァリオ・サウロ通りの「ミラマーレ」に宿泊した。窓からは正面にヴェスヴィオ山が見え、居ながらにして今の今ナポリにいることが実感された。

その後常宿としたのが、パルテノペ通りの「グランド・ホテル・ヴェスヴィオ」。ベランダからサンタ・ルチア湾と卵城が眼下にあり、一方その名のヴェスヴィオは視界の片隅に去った。

ホテルの窓から見たサンタ・ルチア港と卵城

セ・ネ・ヴァ

滞在を重ねると、美しいナポリに慣れ、当初の感激は薄れたかもしれない。しかし、この風景はいつまでも変わらないといえるものでもない。

われわれが目にする今の風景も、厳密にはまだ一〇〇年そこそこのものであるらしい。ホテルの場所は一〇〇年前の埋め立て地で、昔のサンタ・ルチアを破壊して建造された。昔の海岸線は、今は裏通りとなったサンタ・ルチア通りとキアタモンテ通りだった。

その昔はノン・チェ・ピュ（もうない）。

一八九七年、『南イタリア周遊記』のギッシングは、キアタモンテ通りに泊まっていた。

「私はサンタ・ルチア通りを通る時目を伏せた。一〇年前の記憶と今の醜悪さとが頭の中で戦い合っている。かつてカプリ島行きの船が出た港は埋め立てられてしまい、ごみの荒野の絶望的な遥か彼方へと海は押しやられてしまった。卵城から大港まで長い真っ直ぐな岸壁が建設されようとしている。やがてサンタ・ルチアは大きな建物に囲まれた何の見晴らしもない普通の通りになってしまうだろう」。

「ナポリは消えて行く（セ・ネ・ヴァ）！」と嘆いたギッシングのナポリは、しかし今われわれが美しいと語るナポリである。

考えてみれば、ナポリは有史以来外来勢力が入れ替わり、破壊と建設が繰り返された。そのなかで今に見る見事な遺産も残されたが、大自然の美が大きく損われることもあったろう。サンタ・ルチアも昔の復活ではなく、新しく美しいといえる別物に再生したのだ。「セ・ネ・ヴァ」に変わりはない。

「ラ・カンティネッラ」

さて、「ミラマーレ」に泊まった当時、よく通ったレストランがあった。その名は「ラ・カンティネッラ」。

サンタ・ルチア地区には、魚介のレストランが数多く、それぞれ特色があった。サンタ・ルチア港には、水際に老舗の「ベルサリエーレ」があり、卵城への突堤の先にも何軒かが軒を連ねる。「ラ・カンティネッラ」はナツァリオ・サウロ通りでホテルに並ぶ街区にあり、路地に入口を開く。

ホテルの主人が言うには、「ここは自分の兄弟がやっていてこの地区で一番、お奨めです」。確かにここだけは当時も珍しいミシュランの星付きであった。

内部は南国の植物をモチーフにした地中海風の装飾。入口からはテーブル席のフロアが二つ、左側が少し低いレベルという造りだった。

ここに来るたびに、右側のフロアでテーブルに着き、興味深い内装を眺めながら食事をした。そして、その都度気付いたのは、左側のフロアのいつも決まった席で、一人で食事をする高齢の婦人がいたことだ。きちんとした身なり。手慣れた振る舞いが印象に残った。

恐らく今は亡き夫との思い出の席で、無聊の一夕を過ごすのだろうか、とその時は想像した。

「ノン・チェ・ピュ」

それから二〇年になろうか。今回の滞在でふと思い起こし、このレストランを訪ねてみた。オフシーズンとあって、店は当時より閑散としている。南国風の造りには遠い記憶があるものの、時を経て店内は見知らぬ雰囲気だ。

何処でもどうぞ、という案内で足の向くままに一つのテーブルに着いた。今夜のメニューは比較的軽いものを考え、スカンピのグリルにカルチョーフィを付け合わせた。ワインはイスキアの白。ドルチェは普段とらないが、ここはナポリとあってババ・アル・ラム。序でに食後酒はリモンチェッロといきたいが、好みのアマーロ・アヴェルナをキンキンに冷やして貰う。

こうしてほろ酔い加減で店主と話し始めた時、ありありと蘇ったのが昔日の場面だった。気付かずにいた今の私の席は、昔かの老婦人がいたあの席にほかならない。昔私のいた席は向こうのフロアの一角で、そこからここを見ていたのだ。

店主に話すとすかさず、「あ、それならば私の母親です。毎晩ここで夕食をとっていたのです」との答え。そして続けて言った。

「ノン・チェ・ピュ」（もういません）。

その言葉は特に意外なものではなかったが、聞いた時、訳もなく感動した。

この地で、家族が世代交替をしていく。この地の有為転変は歴史の示すとおりだが、土地の変遷に劣らず住民の世代交替が知らぬ間に進む。ギッシングが嘆いた当時から、人間は三世代以上入れ替わったことになる。「ノン・チェ・ピュ」が繰り返された。

そして、今日それを口にした人も、耳にした人も、遠からずそう語られることになるだろう。

「ノン・チェ・ピュ」と。

守護聖人フランコのこと

イタリアを旅行して、フランコ・セラヴァッリ氏と出会ったのは幸運であった。

旅先ではいろいろなイタリア人と会い、情況によって親しくもなる。ワイナリーのオーナー、地方名家の当主からよく行くレストランの主人、常宿のスタッフなど。

そのなかでも滞在中最も身近に行を共にするのが、実は専用車のドライバーだ。車で移動する旅は、ドライバーによって快適にもなり、不快にもなる。

イタリア人は一般に車の運転が上手だ。ただ乗客にとって心地良いかどうか。加速、減速、カーヴを曲ること一つにも個人差がある。どんなカーヴでも乗客が重心を傾けず寛いで感じられるのが良い。車酔いも疲労もない。私たちのように地方や山地をよく歩く者にとって、大事なことである。フランコは、最高のドライバーだった。

フランコとの出会い

フランコに出会ったのは、イタリアを巡り始めた最初の頃。以来二〇年近い旅を彼と共に過ごした。初回は一九九三年一〇月北イタリアからフィレンツェ、ローマまでの旅。スタートはマッジョーレ湖畔のストレーザだった。初対面はそのホテルのロビー。群を抜く長身。風貌は見覚えのある名画の中の一人物。それはピエロ・デラ・フランチェスカ「聖十字架伝説」連作のうち「聖十字架の発見と奇跡」で十字架を支えている男である。

この旅の運転振りから、以降必ず彼を指名することになった。運転は人柄を表す。先ずは、いつも落ち着いている。ユーモアの余裕がある。乗客への心配りは完璧。車内の温度がこれでよいか絶えず尋ねてくるなど万般。

それにプロ意識というものであろう。行く先や経路の注文など無理があっても快く引き受ける。「ミオ・ドヴェーレ」（私の職務）という言葉をよく口にした。

その後も気付くのは、あらゆる場面で物怖じをしない。ドライバーによっては警官に弱く、へつらう態度がないではない。彼は平常で、場合によって諭すかのように応対することもあった。彼は生粋のフィレンツェ人で、カラビニエリ（軍警察）の出身である。自らに誇りを持っているのだ。

恐らく彼の出自は北方系で、北の国に親近感を持っている。オーストリアに別荘を持つ。一方、イタリアの南部には全く同胞意識がなかった。かといって、南北分離論者でもない。南部は何度も歩き、役目は立派に果たしてくれた。無法なナポリの車事情には顔を顰（しか）めながら。

フランコとの旅

いずれにせよ、彼との旅は、私も勉強するので、別にガイドを頼む必要はなくなった。ドライバーとしての「ミオ・ドゥヴェーレ」はその後も少しずつ広がった。当日予約できないレストランも、彼は電話口で様々なことを言い希望を叶えてくれる。

そこはイタリア人。現地事情にも精通していた。各地に知る所があり、人との付き合いも広かった。フィレンツェの三つ星レストラン「エノテーカ・ピンキオーリ」のシェフ、アニー夫人も彼の顧客の一人だった。ピエモンテのベルボ川流域では、夫人の知るワイナリー「ロッカ・ネーラ」に案内されたこともある。

パルミジャーノ・レッジャーノはカルピ、バルサミコはモデナ、クラテッロはジベッロの何処そこというように、望みどおりの場所を紹介して貰うこともできた。そのうえ、こちらの意図を汲んで予期しなかった場所を教えられることもしばしば。

これは普通の旅でなかなかできないことであろう。

レストランも共にするようになった。例えばミラノのホテル「プリンチペ・ディ・サヴォイア」のレストラン「アカント」は、グリッシーニも秀逸だ。すると後刻部屋にボーイがそれを沢山届けてきた。彼の差し金である。

今はなき「ジャンニーノ」では、鹿肉と鴨肉に合わせるワイン、タウラージ（カンパーニャ州アヴェリーノ県産ＤＯＣＧ）で、彼がカンティニエーレ（酒庫主任）と論争した。私も合いの手を入れる。彼は故国トスカーナのブルネッロを強く主張したが次第に旗色が悪く、最後は仲直りして皆で乾杯した。例えばこのように、私も彼ばかりかイタリア人同士の攻防に時々巻き込まれ、面白い体験をした。

私たちの行動範囲も次第に広がり、フランコとの旅はスイス、フランス、オーストリア、スロヴェニア、クロアチアに及んだ。

旅の守護聖人

ある時のことである。スイスに近いカスティリオーネ・オローナを訪ねた時、町の入口にあるヴィラ教会に聖クリストフォロスの彫像があった。正面扉口の右側に、その扉口に匹敵する高さの巨大な像。右手に杖を持ち、左肩に幼児キリストを乗せて川を渡るポーズだ。

聖クリストフォロスは、キリストに仕え、行路を守った大男の聖人で「キリストを担う者」のギリシャ語名。世に旅行者の守護聖人となっている。

この聖人の像は絵画や彫刻で各地の教会に時折見かけるが、当地のように立派な像は稀である。そこで、これを前に「わが旅の守護聖人よ」とフランコに呼びかけたところ、彼も大いに気に入った様子を見せていた。事実、彼と一緒の旅で災難に遭うことはなかった。用心棒の役割も果たしてくれた。

ヴィラ教会　聖クリストフォロス像前　フランコ氏と

このような相棒の旅は、いつまでも続くものと思われた。しかし、彼の楽しみにしていた年金生活が来る前に、思いがけず体調の変化を訴えることになった。そして代役として紹介したのが、彼のよく知るアレッサンドロ・ブラヴィ氏である。私の今の相棒だ。

その後

フランコと共にした旅は、結局二〇〇九年五月が最後だった。この時はスロヴェニアの首都ルブリャーナに入り、世界遺産の洞窟などを巡った。さらにその足でブレッド湖からトリグラフ山のユリアン・アルプスを横断、そしてパルマを経て、ミラノまで。

少し前には、内戦後間もないクロアチアを縦断した。ドブロヴニクで背後のスルジ山に登ると、当時ロープウェイは破壊され、山上は地雷原のまま。帰途バーリへのフェリーでアドリア海を渡った記憶も蘇る。

彼と最後に会ったのは、フィレンツェに立ち寄った二〇一二年一〇月。「セント・レジス」ホテルに訪ねて来た。元気そうに見えた。そして再会を約した。

その後の彼の様子は、新しいアレッサンドロから聞くことができた。しかし、それは思わしいものではなく、心筋梗塞を患い、療養中とのこと。その状態が今も続いている。

私はかつて彼について、天晴れな職業意識の持ち主であり、忠実な友であると書いた。私のイタリアは、フランコとの旅が原点となった。旅のスタイルも、それで決まった。原点の昔が今は懐しい。二〇二〇年の今も、再会は果たされぬままだ。

人生の一期一会とは、時を経てしみじみこの胸に去来する惜別の情である。

イタリア20州・主要関係箇所（中・南部）

イタリア20州・主要関係箇所（北・中部）

南チロル ワイナリー「エレナ・ヴァルヒ」の酒庫（161 ページ）

サルデーニャ伝統パンのコレクション（292 ページ）

あとがき

日本では、一九九〇年代のイタリアブームから、イタリア料理店を見てもその数は各地で急増した。ここ三〇年を振り返って隔世の感がある。

しかし、本当に見るべきイタリアはこればかりではない。人間と衣食の係わりをはじめ万事に及ぶイタリアの生活スタイルやオリジナリティは、日本のさらに広汎な変化に係わる可能性を持っている。

現在の世界は、文化の多様性や寛容が求められる複雑な時代に入っている。日本もあらゆる異文化と今後より深い係わりを迫られるに違いない。

かつて顧みなかったイタリアが、最近大きく転回したように、これからの日本が未知なるものにどのように対応するものか、新しい興味も湧く。

そのなかで、歴史と人間性豊かなイタリアとの係わりもさらに注目されるところ。

思えば、イタリアは、かつての文明開化を導いた欧米文化としてではなく、後れて第二次大戦後高度成長の果て目標を見失った日本に、ブームとしてやって来た。

私の半生でも、イタリアはかなり後れて到来したことになる。そこに始まる私のイタリア紹介も、引き続き異文化と交わる大きな時流の一滴となり、私たちの旅もなお暫く続くことになるだろう。

今回の出版に関しては、これまでどおり中央公論事業出版の神門武弘氏、堤智紀氏のお世話になった。記して厚く御礼申し上げる。

二〇二〇年八月

甕　滋

甕（もたい）　滋（しげる）

長野県出身
東京大学法学部卒業
元農林水産事務次官、農林水産技術会議会長
農林水産省退職者の会顧問
著書『イタリア再発見―地方文化の旅』（中央公論事業出版　2004）
『農は永遠―日本農政の備忘録』（農山漁村文化協会　2007）
『パックス・ロマーナ夢紀行』（中央公論事業出版　2012）
『ゲルマン・スラヴ歴史紀行―ローマ世界の辺境から』（中央公論事業出版　2016）
共編書『食糧危機の時代を生きて―戦後農政現場からの証言』（農林統計協会　2014）

イタリア　ア・ラ・カルト――風（かぜ）の旅（たび）ロマン

2020年 9月16日 初版印刷
2020年10月10日 初版発行

著　者　甕　　滋

制　作
発　売　中央公論事業出版

〒101-0051　東京都千代田区神田神保町 1-10-1
電話　03-5244-5723　URL http://www.chukoji.co.jp/

印　刷　藤原印刷／製　本　松岳社

ISBN978-4-89514-514-5 C0026
定価はカバーに表示してあります。